R 27444

Paris
1850

Balmes, Jaime

L'Art d'arriver au vrai

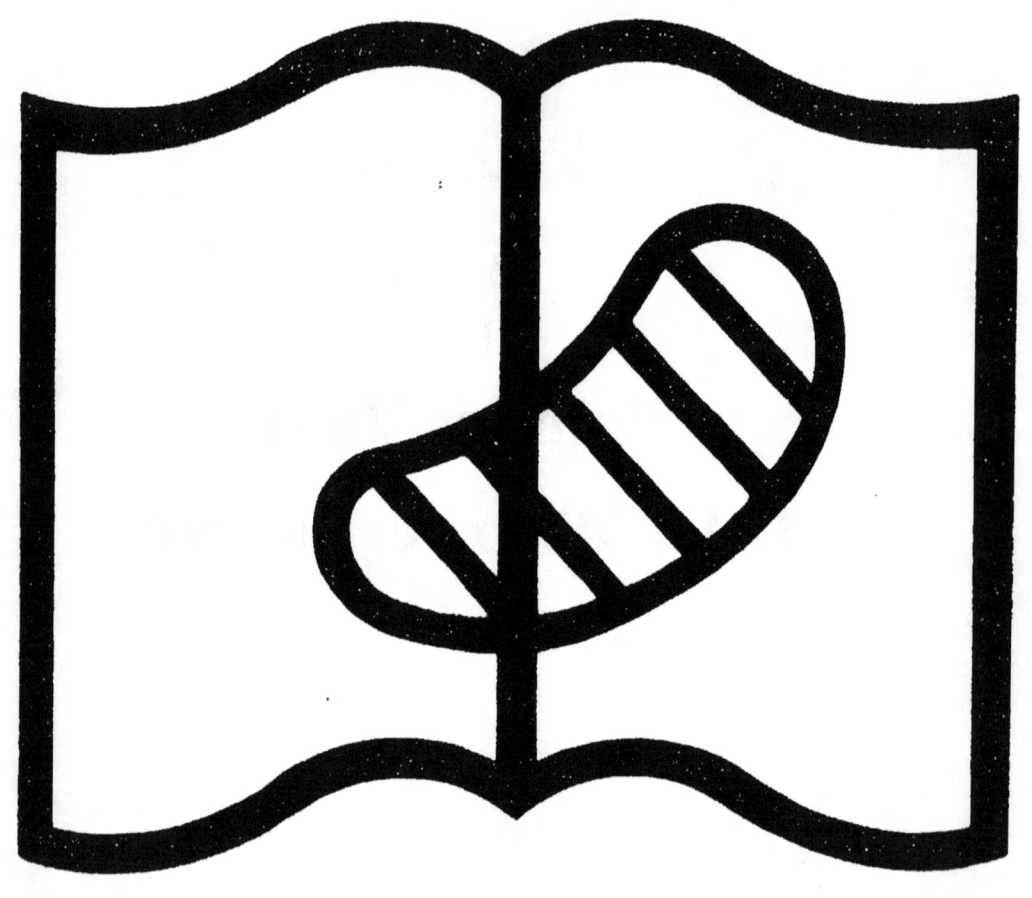

Symbole applicable
pour tout, ou partie
des documents microfilmés

Original illisible

NF Z 43-120-10

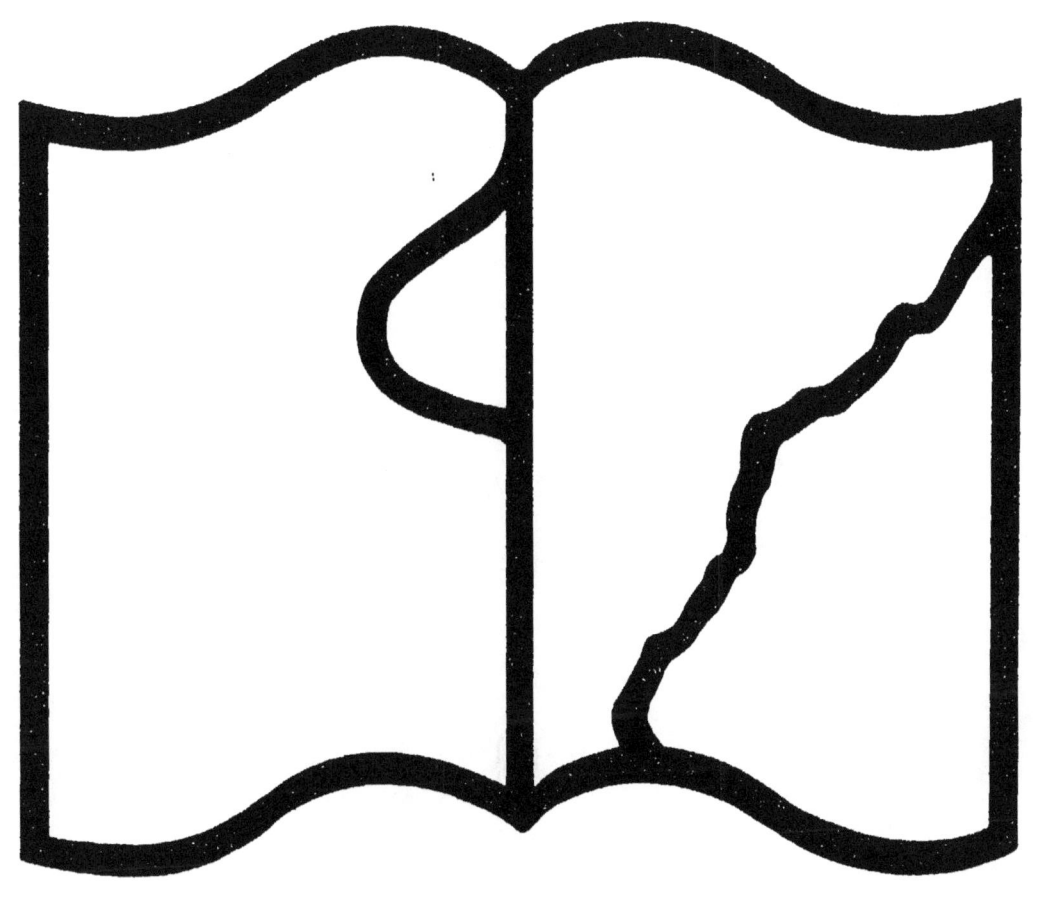

**Symbole applicable
pour tout, ou partie
des documents microfilmés**

Texte détérioré — reliure défectueuse

NF Z 43-120-11

ART
D'ARRIVER AU VRAI

Tous les exemplaires non revêtus de la signature ci-dessous seront réputés contrefaits.

[signature: Aug Haton]

Imprimerie de G. Gratiot, rue de la Monnaie, 11.

ART
D'ARRIVER AU VRAI

PHILOSOPHIE PRATIQUE

PAR

JACQUES BALMÈS

Traduit de l'espagnol

Par M. MANEC (Édouard)

AVEC UNE PRÉFACE

DE M. DE BLANCHE-RAFFIN.

PARIS

AUGUSTE VATON, LIBRAIRE-ÉDITEUR

50, RUE DU BAC,

ET CHEZ SAGNIER ET BRAY

64, RUE DES SAINTS-PÈRES.

1850

PRÉFACE

Le nom de Jacques Balmès n'a plus besoin d'être loué. Le mérite excellent de ce maître est désormais reconnu de tous. Pour les esprits attentifs, son livre sur le *Protestantisme et le Catholicisme dans leurs rapports avec la civilisation européenne*, est devenu, non-seulement en France mais en Europe, un véritable manuel de l'Histoire de la civilisation. Ses Écrits politiques [1], sa sagesse, sa perspicacité, au milieu des débats qui ont agité son pays, assurent à sa mémoire un second titre d'honneur. Pour achever de faire juger parmi nous les œuvres du docteur espagnol, il reste uniquement à traduire ses Écrits philosophiques.

Le premier de ces Écrits, par ordre de dates, est le volume offert en ce moment au public. L'auteur l'a intitulé : *El Criterio*, c'est-à-dire *Moyens pour parvenir à la vérité, art de juger, art du bon sens*. C'est un traité de Logique à la portée des jeunes esprits; une Philosophie appropriée aux besoins des gens du monde, et cependant digne des intelligences les plus exercées. Balmès, dans cet ouvrage, a déployé toutes les richesses habituelles de son talent :

---

[1] J'en ai présenté ailleurs une analyse.

une connaissance profonde des lois qui régissent l'être humain ; une clarté, une simplicité parfaites dans le langage ; un sens pratique qui ne l'abandonne jamais, et qui le guide sur le champ vers les côtés utiles des vérités qu'il considère.

Ce qui frappera principalement dans les pensées et dans les écrits de Balmès, c'est un caractère qui manque ordinairement aux meilleurs esprits formés dans l'atmosphère du XIXe siècle. Ce caractère, c'est simplement ce que notre langue a nommé le *bon sens*, c'est-à-dire une certaine justesse, habituelle, constante dans les opinions, dans les sentiments ; le calme du cœur joint à la sérénité de l'esprit ; le silence des passions ; l'exercice désintéressé des facultés intellectuelles.

Or, ce caractère imprimé aux écrits de Balmès se retrouve marqué dans tous les actes de son existence. C'est un mérite qu'il ne dut point uniquement aux dons généreux de la nature ; ces dons s'étaient perfectionnés en lui par l'avantage d'une éducation saine et d'une instruction puisée à des sources irréprochables. De même que notre corps tire sa vigueur du coin de terre sur lequel il vit et de l'atmosphère qu'il respire, notre esprit, notre cœur puisent leur force dans l'éducation nationale, dans l'atmosphère intellectuelle et morale qui nous environne. Balmès, selon nous, doit surtout aux mœurs et aux traditions catholiques de l'Espagne ce que nous remarquons de véritablement rare et supérieur en lui. La crainte de Dieu, l'obéissance stricte formèrent la règle de son enfance ; la sublimité de l'enseignement théologique fut l'aliment de son esprit pendant l'adolescence ; sa jeunesse fut tout ensemble contenue et développée par la discipline d'une Université orthodoxe, cette discipline qui, dominant à la fois l'intelligence et le cœur, façonna, dans les siècles croyants, tant de grands esprits et de nobles caractères.

Si l'on y veut faire attention, le niveau général de l'intelligence et de la raison dans les sociétés modernes, s'est élevé fort au-dessus du point où l'antiquité l'avait porté. Or, ce phénomène ne saurait s'expliquer par une supériorité *intrinsèque* de l'intelligence humaine dans les âges présents. Non-seulement cette supériorité pourrait être niée, mais l'égalité même entre les esprits de l'antiquité et ceux des temps modernes donnerait matière à contestation. Le phénomène dont nous parlons se rattache donc à une autre cause. Il s'explique par la diffusion et l'empire des vérités chrétiennes au sein de l'humanité.

Ainsi l'enseignement des vérités surnaturelles ; cet enseignement qui, dans la société chrétienne, est à la fois le lait des enfants, le pain des forts, le vin des vieillards ; cet enseignement si malheureusement amoindri de nos jours par l'action du rationalisme, réalisait, réalise encore en quelques contrées du monde civilisé, un double bienfait : d'une part, il familiarise les intelligences les plus humbles avec la science la plus sublime; de l'autre, il inculque aux esprits, et leur fait goûter les règles d'une sagesse surhumaine. Par la vertu de ces leçons divines, l'intelligence chrétienne se trouve, avant même de s'en apercevoir, transportée sur un sommet à la hauteur duquel les esprits les mieux doués de l'antiquité ont été loin d'atteindre. De là, l'œil naissant du génie parcourt, sans s'égarer, des horizons lointains. Il s'exerce à mesurer de vastes distances. Considérée de cette élévation, la terre ne lui présente jamais que de grands spectacles, tandis que le ciel, envisagé de plus près, l'a tout de suite charmé par ses perspectives infinies.

Balmès ne se contente point d'appliquer son *bon sens* aux réalités de l'ordre terrestre. D'un même coup d'œil il embrasse la destinée passagère de l'homme et son avenir immortel. Avec la même sagesse et la même rectitude, il trace les règles qui constituent ici-bas l'art de la vie, et celles qui mènent à une béatitude impérissable. Jamais l'être humain ne lui apparaît que dans sa plénitude et dans son unité ; plénitude de durée, unité de facultés ; âme et corps ; sensibilité, intelligence ; passion, volonté; nature inclinée vers le mal, redressée divinement vers le bien ; unie à la faiblesse, à l'infirmité, mais pressentant la gloire; tirée de la terre, mais se préparant pour le ciel.

Avant d'avoir parcouru en son entier l'*Art d'arriver au vrai*, on ne se fera point une idée juste des fruits que ce livre renferme. Le dernier chapitre, intitulé *De l'Entendement pratique*, formerait seul un ouvrage utile. Ce chapitre ne contient pas moins de soixante paragraphes, dans lesquels Balmès traite de l'influence des passions sur les opérations de l'intelligence. Silvio Pellico, dans son opuscule *Des Devoirs des hommes*, laisse parler son âme aimante, sanctifiée par le sacrifice; Balmès, dans l'*Art d'arriver au vrai*, nous fait entendre le grave et sage génie qui modère le cœur ardent de l'Espagne. En maint endroit, lorsqu'il scrute les mystères de l'âme humaine, le moraliste espagnol, par la justesse et la pénétration de son regard, rivalise avec La Bruyère; mais, dédaigneux des frivolités de l'esprit, il néglige tout détail qui n'intéresserait que la curiosité: constamment pressé d'un zèle sacré, il se hâte, il court vers les conséquences utiles.

Ailleurs j'ai décrit les circonstances qui accompagnèrent la naissance de ce livre [1]. On me permettra de rappeler ce récit. Balmès n'avait point encore terminé son grand ouvrage sur *le Protestantisme*. Il habitait Barcelone. Du sein de cette cité tourmentée par la Révolution, sa voix,

---

[1] *Jacques Balmès, sa vie et ses ouvrages.*

l'esprit de l'écrivain. Le cachet de l'Université de Cervera se montre encore visible sur mainte page du livre : or Balmès avait quitté Cervera depuis près de dix années. Quant aux maximes pratiques qui abondent dans l'ouvrage, on n'y saurait voir un produit subit de l'improvisation ; tout critique attentif y reconnaîtra la saveur d'un fruit mûri par la réflexion et l'expérience.

Notre sentiment est que le traducteur a perfectionné l'œuvre sortie de la plume de Balmès. Grâce à son labeur patient et habile, tel chapitre est devenu plus concis, telle image plus vive, telle vérité plus saisissante. Diverses traces d'une composition trop hâtée se sont ainsi effacées. Le public, par son suffrage, encouragera le traducteur et les éditeurs à mettre au jour prochainement une version française de la *Philosophie fondamentale*, œuvre grandiose dans laquelle Balmès a déposé les titres authentiques de sa renommée philosophique.

A. DE BLANCHE-RAFFIN.

Paris, 25 mai 1850.

ART D'ARRIVER AU VRAI

CHAPITRE PREMIER.

CONSIDÉRATIONS PRÉLIMINAIRES.

§ 1. — Bien penser. Qu'est-ce que la vérité ?

Bien penser, c'est connaître la vérité, ou diriger son entendement par le chemin qui mène à la vérité. La vérité est la réalité des choses. Connaître les choses telles qu'elles sont en elles-mêmes, c'est posséder la vérité ; les connaître d'une autre façon, c'est se tromper. Nous savons qu'il y a un Dieu, et cette connaissance est une vérité, parce qu'en effet Dieu existe ; que la variété des saisons tient aux mouvements de la terre autour du soleil, et cette connaissance est une vérité, parce qu'en effet le soleil règle les saisons. Nous savons que l'obéissance aux lois, la bonne foi dans les transactions, la fidélité aux amis, etc., sont des vertus : savoir cela, c'est connaître autant de vérités ; de même que juger bonnes et dignes de louanges la perfidie, l'ingratitude, l'injustice, etc., ce serait tomber dans l'erreur.

Pour bien penser, cherchons à connaître la vérité, c'est-à-dire la réalité des choses. De quelle utilité peuvent être des dissertations plus ou moins subtiles, ou profondes, si la pensée n'est point conforme à la réalité. Un laboureur, un modeste ouvrier, qui connaissent bien les objets de leur profession, pensent et parlent mieux sur ces objets qu'un philosophe qui, enveloppant son ignorance de formules abstraites, prétend enseigner ce qu'il ignore.

§ II. — Différentes manières de connaître la vérité.

Quelquefois la vérité ne nous est qu'imparfaitement connue. La réalité se présente alors à nos yeux, non telle qu'elle est, mais *incomplète, augmentée* ou *changée*. Par exemple : une troupe d'hommes défile à une certaine distance; les armes brillent au soleil; tout le reste ne nous apparaît que d'une manière confuse. Nous savons que ce sont des hommes armés; mais est-ce un rassemblement populaire? un corps régulier de troupes? A quelle partie de l'armée appartient ce corps? Nous l'ignorons. La vérité ne nous est pas connue tout entière; notre connaissance est imparfaite; il nous *manque* la vue distincte de l'uniforme.

Trompés par la distance ou par toute autre cause, nous supposons gratuitement que ces hommes armés portent tel uniforme, un uniforme qu'ils n'ont pas.

Ici, encore, imperfection dans la connaissance, parce que nous *ajoutons* ce qui, en réalité, n'existe point.

Enfin, nous prenons une chose pour une autre, comme un parement jaune pour un parement blanc; c'est *changer* ce qui est, puisque nous en faisons un objet différent.

L'entendement qui possède une vérité tout entière est comme ces miroirs dans lesquels les objets sont représentés tels qu'ils sont en eux-mêmes. Lorsqu'il est le jouet de l'erreur, il n'est plus qu'un kaléidoscope qui trompe les regards en leur offrant des images sans réalité. Enfin, s'il ne possède la vérité qu'en partie, on peut le comparer à ces glaces mal étamées ou disposées d'une certaine façon, qui, retraçant des objets réels, les présentent toutefois autrement qu'ils ne sont, parce qu'elles en altèrent les proportions et la figure.

§ III. — Diversité des esprits.

Un esprit juste cherche à voir dans les objets tout ce qu'ils contiennent, mais rien que ce qu'ils contiennent. Certains hommes ont le talent de voir beaucoup en toutes choses; par malheur ils y voient ce qui n'y est point, et n'y voient rien de ce qu'il y a. L'événement le plus indifférent, une circonstance quelconque leur fournissent abondante matière à surabondamment discourir, à bâtir, comme on dit, des châteaux en Espagne. Grands faiseurs de projets, beaux discours !

D'autres sont atteints du défaut contraire ; ils voient bien, mais peu à la fois. Les choses ne se présentent à eux que d'un seul côté ; ce côté vient-il à disparaître, ils ne voient plus rien. Ces esprits inclinent à être sentencieux et obstinés. Villageois qui ne sont jamais sortis de leur pays ; au-delà de leur horizon accoutumé ils s'imaginent que finit le monde.

Un entendement lucide, exact et vaste, embrasse l'objet de son étude tout entier ; il l'envisage sous toutes ses faces, dans toutes ses relations. La conversation et les écrits des hommes ainsi doués se distinguent par leur clarté, leur précision, leur exactitude. Chacune de leurs paroles met une idée en relief, et cette idée répond à la réalité des choses ; ils vous éclairent, vous persuadent ; ils vous laissent pleinement satisfaits. Vous dites, avec un assentiment sans réserve : cela *est vrai ;* il *a raison.* Nul effort pour les suivre dans leurs raisonnements. Vous marchez sur une route unie où celui qui vous mène vous fait remarquer, à propos, les merveilles qui se rencontrent sur votre passage. — Mais la matière est abstraite, difficile ; le sentier est obscur et s'enfonce dans les entrailles de la terre ; il n'importe ! votre guide en connaît les détours, il sait comment on diminue la fatigue, comment on abrége le temps, et tient en ses mains un flambeau qui éclaire les profondeurs les plus ténébreuses.

§ IV. — Chacun excelle dans son art selon qu'il en connaît mieux toutes les parties.

La connaissance parfaite des choses dans l'ordre scientifique fait le vrai savant ; dans l'ordre pratique et pour la conduite de la vie elle caractérise les sages ; dans le maniement des affaires publiques, elle forme les grands hommes d'État. Enfin, dans toutes les professions, celui-là est le plus habile qui connaît le mieux les matières qu'il traite, les instruments dont il se sert. Ajoutons que cette connaissance doit être pratique, qu'elle doit embrasser jusqu'aux finesses de l'exécution, vérités de détail indispensables à la connaissance complète des choses : or ces vérités sont nombreuses, même dans les professions les plus humbles ! Un exemple : Quel sera le meilleur agriculteur ? — Celui qui connaîtra le mieux les qualités des terrains, des semences et des plantes ; les meilleures méthodes et les meilleurs instruments de labour ; celui qui fera rendre à la terre des produits supérieurs, à moins de frais, en moins de temps et en plus grande quantité ; c'est-à-dire, enfin, celui qui possèdera le plus de vérités relatives à la pratique de l'agriculture. — Il en sera de même du charpentier, du commerçant : — celui-là sera le plus habile qui possèdera le plus grand nombre de vérités sur son art; qui connaîtra plus à fond la réalité des choses dont il s'occupe.

§ V. — Il importe à tous les hommes de bien penser.

On le voit, l'art de bien penser intéresse, non pas seulement les philosophes, mais tous les hommes, n'importe leur condition. L'entendement est un don du Créateur; don précieux, mais non sans péril; c'est la lumière qui nous doit guider dans tous les actes de la vie. Veiller sur cette lumière est donc pour l'homme le devoir par excellence; qu'elle vienne à s'éteindre, nous ne marchons plus qu'à tâtons. Ne laissez point votre intelligence inactive de peur qu'elle ne s'engourdisse et ne s'hébête; mais, en alimentant son foyer, en excitant sa flamme, ayez soin que rien n'en altère la pureté. Cette flamme doit éclairer sans éblouir; montrer la route, et en même temps les écueils dont la route est semée.

§ VI. — Comment on doit enseigner l'art de bien penser.

Bien penser est un art pratique qui s'apprend moins à l'aide des règles que des exemples. A ceux qui professent cet art à grand renfort de préceptes et d'observations analytiques, demandons ce qu'ils penseraient d'une nourrice qui, pour enseigner à de petits enfants à parler ou à marcher, emploierait une semblable méthode? Est-ce à dire que je condamne toutes les règles? Telle n'est point ma pensée. Mais je maintiens qu'on en doit user avec sobriété, sans prétention philosophique, et surtout qu'elles doivent être simples et pratiques. A côté de la règle, l'exemple : Un enfant prononce d'une manière défectueuse certains mots; que fait, pour le corriger, son père ou son maître? Il les prononce devant lui comme ils doivent être prononcés, et les lui fait répéter ensuite. — « Écoutez bien.... à votre tour.... ne placez point ainsi vos lèvres; appliquez plus légèrement la langue sur le palais. » Voilà l'exemple à côté du précepte; la règle, et la manière de la mettre en pratique.

CHAPITRE II.

L'ATTENTION.

Il est des moyens qui nous conduisent à la connaissance de la vérité et des obstacles qui nous empêchent d'y parvenir. Enseigner à se servir des uns, à écarter les autres, tel est l'objet de l'art de bien penser.

§ 1. — Définition de l'attention. Nécessité de l'attention.

L'attention est l'application de l'esprit à un objet. Pour bien penser, il faut d'abord savoir être attentif. La hache ne coupe point, si elle n'est appliquée à l'arbre ; la faucille est inutile aux mains du moissonneur, si elle n'atteint les épis.

Quelquefois les objets se présentent à l'esprit sans que l'esprit s'y arrête. C'est ainsi que l'on voit sans regarder, que l'on entend sans écouter ; mais une connaissance acquise de cette façon est toujours légère, superficielle, souvent inexacte ou complétement erronée. Un esprit inattentif se trouve, pour ainsi parler, hors de chez lui ; il ne voit point ce qu'on lui montre. Acquérir l'habitude de l'attention, soit dans le mouvement des affaires, soit dans le calme des études, est donc pour nous de la plus haute importance. Aussi bien avons-nous pu le remarquer souvent, ce qui nous manque pour comprendre, c'est moins l'intelligence suffisante qu'une suffisante application de notre esprit, l'attention.

Nous écoutons un récit, le regard distrait, laissant notre imagination flotter au hasard, interrompant le narrateur par mille questions ou digressions étrangères ; il suit de là que des circonstances intéressantes nous échappent, que des traits essentiels passent sans nous frapper, et que, si nous voulons raconter le fait à notre tour, ou le méditer pour émettre un jugement, il se présente à notre souvenir incomplet, défiguré. Notre erreur procède-t-elle de notre incapacité, ou de l'attention insuffisante que nous avons prêtée au narrateur?

§ II. — Avantages de l'attention; inconvénient du défaut contraire.

L'attention multiplie les forces de l'esprit d'une manière incroyable; elle allonge les heures. Par l'attention, l'homme augmente sans cesse son fonds d'idées; c'est à l'attention qu'il doit leur clarté, leur précision; il lui doit même les merveilles de la mémoire, car en vertu de la permanence de l'attention, les idées se classent d'elles-mêmes dans le cerveau avec ordre et méthode.

Ceux qui ne savent prêter aux choses qu'une attention indécise dispersent leur esprit sur toutes sortes de sujets. Ici, ils reçoivent une impression; là, une impression contraire. Les faits sans connexion qu'ils accumulent, loin de s'éclairer mutuellement, loin de venir en aide à la mémoire, se mêlent, se confondent, s'excluent les uns les autres. Il n'est point de lecture, de conversation, de spectacle, qui ne puissent, pour insignifiants qu'ils paraissent, offrir quelque sujet d'instruction. L'attention tient note des moindres paillettes et les recueille; la distraction laisse tomber à terre comme choses de rebut l'or et les pierres précieuses.

§ III. — Ce que doit être l'attention. — Esprits légers ou absorbés.

On pourrait croire qu'une pareille attention entraîne beaucoup de fatigue; ce serait une erreur. Quand je dis attention, je n'entends point la fixité d'un esprit qui se rive pour ainsi dire aux objets, mais une application calme, reposée, qui permet que chaque chose ait son heure, et nous laisse l'agilité nécessaire pour passer d'un travail à un autre travail. Cette attention n'est pas incompatible avec les diversions ou les délassements. En effet, se délasser, ce n'est point, pour l'esprit, cesser de penser, mais faire trêve aux sujets d'étude laborieux, et se livrer à une étude plus facile. Le savant qui interrompt des recherches ardues pour goûter un moment les charmes de la campagne, observe l'état des moissons; il est attentif aux travaux des laboureurs, au bruit des sources, au chant des oiseaux; cette attention le distrait, elle ne le fatigue pas.

Je suis si loin de considérer l'attention comme une abstraction sévère et continue, que je range parmi les hommes distraits, non seulement les étourdis, mais encore les esprits absorbés en eux-mêmes. Ceux-là se dissipent au dehors; ceux-ci se perdent, au dedans d'eux-mêmes, dans les profondeurs ténébreuses de leurs rêveries. Les uns et les autres manquent de l'attention convenable, c'est-à-dire de celle que l'on doit au sujet dont on s'occupe.

L'homme attentif est aussi celui qui a le plus d'urbanité et de courtoisie. Vous blessez l'amour-propre de ceux que vous n'écoutez point. Il est à remarquer qu'un acte d'urbanité ou un acte contraire, se nomment attention ou manque d'attention.

§ IV. — Les interruptions.

Ajoutons que les études même les plus profondes exigent rarement une attention telle, qu'on ne puisse la suspendre sans un grave dommage. On se plaint avec amertume d'une visite à contre-temps, d'un bruit inattendu, qui vient, comme l'on dit, couper le fil du discours. Faibles cerveaux ! véritables daguerréotypes dans lesquels le plus léger mouvement, l'interposition passagère d'un corps étranger, suffisent pour tout brouiller, pour tout confondre. Ce défaut, naturel chez quelques personnes ; chez d'autres, affectation vaniteuse et puérile, accuse, dans tous les cas, une absence complète de concentration, de recueillement intérieur. Quoi qu'il en soit, efforçons-nous d'acquérir une attention à la fois forte et flexible. Que nos conceptions ne soient point des images daguerriennes, mais des tableaux nettement dessinés. Le peintre est-il interrompu ? il dépose ses pinceaux, pour les reprendre lorsqu'il le veut, et continuer son œuvre. Un corps étranger lui fait-il ombre? il l'écarte, et tout est réparé.

CHAPITRE III.

CHOIX D'UNE CARRIÈRE.

§ 1. — Signification vague du mot talent.

Que chacun se consacre tout entier à la profession pour laquelle il se sent le plus d'aptitude. Cette règle est d'une grande importance; on l'a trop oublié, et c'est à cela, j'en ai la conviction, que les sciences et les arts doivent de n'avoir point fait des progrès plus décisifs. Le mot *talent* signifie, pour quelques-uns, capacité absolue ; un esprit heureusement doué pour une chose doit l'être également pour toutes choses. Erreur capitale. Tel sera d'une capacité prodigieuse dans une branche des connaissances humaines, et fort médiocre ou complétement nul dans les autres. Napoléon et Descartes sont deux grands esprits, et toutefois ils n'ont aucun trait de ressemblance. Supposons-les échangeant leurs pensées; le génie de la guerre n'aurait point compris le génie de la philosophie ; le conquérant aurait certainement rangé le penseur au nombre de ceux qu'il nommait, avec dédain, idéologues.

On pourrait écrire un livre sur les talents comparés en signalant les différences radicales qui les distinguent. A chacun sa part de force et de faiblesse. Il est peu d'hommes, il n'en existe point, on peut l'affirmer, qui parviennent à une égale supériorité en toutes choses. L'observation ne nous apprend-elle pas que certaines aptitudes se contrarient, et se nuisent mutuellement ? En effet, un esprit généralisateur possède rarement l'exactitude minutieuse. Demandez au poëte, qui vit d'inspirations et d'images grandioses, de se plier, sans efforts, à la régularité compassée des études mathématiques !

§ II. — Un instinct nous indique la carrière pour laquelle nous avons le plus d'aptitude.

Aux facultés qu'il distribue à l'homme à différents degrés, le Créateur ajoute un instinct précieux qui lui en indique l'emploi. Un esprit se plaît-il dans certains travaux ? les recherche-t-il avec persévérance ? Au contraire, éprouve-t-il à s'y livrer une répugnance presque invincible et toujours renouvelée ? Ne nous y trompons pas ; la nature l'avertit, dans le premier cas, qu'il a reçu d'elle, et dans le second, qu'elle lui a refusé, pour ce qui lui plaît ou lui répugne de la sorte, des dispositions heureuses. Le sens du goût, lorsqu'il n'est point altéré par la maladie ou les mauvaises habitudes, distingue les aliments sains de ceux qui ne le sont pas ; il en est de même de l'odorat. Dieu n'a pu prendre un moindre souci de l'âme que du corps.

Les parents, les maîtres, les directeurs des établissements d'éducation et d'enseignement feront bien d'arrêter leur attention sur ce point. Que de talents, en effet, qui, bien dirigés, pourraient donner les fruits les plus précieux, se consument inutiles, parce qu'ils ont été fourvoyés dans des carrières pour lesquelles ils n'étaient point faits !

Il n'est personne qui ne puisse faire cet examen. L'enfant lui-même, dès sa douzième année, est en état de comprendre quels sont les travaux qui lui coûtent le moins, quelles sont les études où il déploie le plus d'aptitude et d'intelligence.

§ III. — Épreuves pour discerner les aptitudes particulières d'un enfant.

Faites passer sous les yeux des enfants les produits divers, les œuvres remarquables de l'industrie et de l'intelligence humaine ; conduisez-les dans des établissements où l'instinct de chacun puisse être mis en présence de l'objet de son choix. Cette méthode sera très utile et très sûre. La nature prise sur le fait révèlera des aptitudes que l'étude la plus attentive n'aurait peut-être jamais su découvrir.

Un mécanisme ingénieux attire l'attention d'un groupe d'enfants de dix à douze ans. Le plus grand nombre admire un moment et passe; un seul s'arrête et semble s'oublier longtemps. La curiosité de son examen, les questions pleines de sens qu'il adresse, la compréhension rapide du mécanisme qui l'intéresse ainsi, tout cela ne dirait-il rien à l'observateur attentif?

Vous lisez une page sublime d'un maître dans l'art des vers, et dans votre jeune auditoire est assis un Lope de Véga, un Mélendez, un Ercilla, ou un Caldéron. — Voyez! ses yeux étincellent; sa poitrine se gonfle; l'imagination de l'enfant s'est enflammée sous une impression qu'il ne comprend pas lui-même. La nature a parlé. Vous reconnaissez le poëte.

Mais gardez-vous d'intervertir ou de forcer les aptitudes. De deux enfants extraordinaires confiés à vos soins, vous pourriez bien ne rendre à la société que deux hommes d'une médiocrité extrême. L'aigle et l'hirondelle se distinguent par la force et la légèreté de leurs ailes; et, toutefois, jamais l'aigle ne prendra son vol à la manière de l'hirondelle ni l'hirondelle à la manière du roi des airs.

. . . . . Tentate diù quid ferre recusent
Quid valeant humeri.

Ce conseil d'Horace aux écrivains, nous l'adressons à tout homme qui veut se décider, en connaissance de cause, sur le choix d'une profession.

CHAPITRE IV.

DE LA POSSIBILITÉ.

§ 1. — Classification des actes de notre entendement. Questions à poser.

Pour donner à mon sujet toute la clarté dont je le crois susceptible, je diviserai les actes de notre entendement en deux classes : les actes spéculatifs et les actes pratiques. Je nomme spéculatifs ceux qui s'arrêtent à la connaissance, et pratiques ceux qui mènent à l'action.

Lorsqu'il s'agit simplement pour nous de connaître une chose, nous pouvons nous poser les questions suivantes : 1° cette chose est-elle possible ou non ? 2° existe-t-elle ou non ? 3° quelle en est la nature ? quelles les propriétés, les relations ? Les règles qui servent à résoudre avec netteté ces trois questions embrassent tout ce qui a trait à la science spéculative.

Dans toute action, il est évident que nous nous

proposons une fin. De là ces questions : 1° quelle est cette fin? 2° quel est le meilleur moyen pour l'obtenir?

Je prie instamment le lecteur d'arrêter son attention sur les divisions qui précèdent et de les graver, s'il le peut, dans sa mémoire. Elles lui faciliteront l'intelligence de ce qui doit suivre, et lui seront d'un grand secours pour établir l'ordre dans ses pensées.

§ II. — Le possible et l'impossible. Classification.

Possibilité. L'idée contenue dans ce mot est corrélative à celle d'*impossibilité.* En effet, l'affirmation de l'une entraîne la négation de l'autre.

Les mots possibilité et impossibilité expriment des idées différentes selon qu'on les applique aux choses en elles-mêmes ou seulement à la cause qui les peut produire. Toutefois, ces idées ont des rapports très intimes, comme nous le verrons bientôt. Considérées relativement à un être, indépendamment de toute cause, la possibilité et l'impossibilité se nomment intrinsèques. Elles prennent le nom d'extrinsèques lorsqu'il s'agit d'une cause. Malgré la simplicité, la clarté apparente de cette définition, pour en saisir le sens d'une manière complète, il est indispensable de me suivre dans les différentes classifications que je vais exposer aux paragraphes suivants.

On s'étonnera peut-être que nous définissions

l'*impossibilité* avant de définir la *possibilité*. Mais, un peu de réflexion fera voir que cette méthode est logique. Le mot *impossibilité*, bien qu'il présente un sens négatif, n'en exprime pas moins une idée positive; celle de contradiction entre les choses, d'exclusion, d'opposition, de lutte pour ainsi dire ; de sorte que cette contradiction venant à disparaître, nous concevons la *possibilité*. De là, ces façons de dire : Cela est possible puisque rien ne s'y *oppose*, puisqu'il n'y a pas *contradiction*. Quoi qu'il en soit, la connaissance de l'impossible donne celle du possible, et *vice versâ*.

Quelques philosophes distinguent trois sortes d'impossibilité : l'impossibilité *métaphysique, physique et morale*. J'adopterai cette division, mais en y joignant un nouveau chef : l'*impossibilité de sens commun*. On verra ci-après sur quoi je me fonde. Peut-être serait-il mieux de donner à l'impossibilité métaphysique le nom d'impossibilité *absolue* ; le nom d'impossibilité *naturelle* à l'impossibilité physique, et celui d'impossibilité *ordinaire* à l'impossibilité morale.

§ III. — En quoi consiste l'impossibilité métaphysique ou absolue.

L'*impossibilité métaphysique* ou *absolue* est celle qui tient à l'essence même des choses ; en d'autres termes, un fait est absolument impossible lorsque son existence entraînerait cette absurdité : être et ne pas être en même temps. Un cercle triangulaire est une impossibilité absolue, parce qu'il serait à la fois et ne serait pas un cercle, parce qu'il serait et ne serait pas un triangle. Cinq égal à six est une impossibilité absolue, parce cinq serait et ne serait pas cinq. Un vice vertueux est une impossibilité absolue, parce qu'il serait et ne serait pas vice.

§ IV. — L'impossibilité absolue et la toute-puissance divine.

Ce qui est impossible absolument ne peut exister en aucun cas. Lorsque nous disons que Dieu est tout-puissant, nous n'entendons point qu'il soit en son pouvoir de réaliser l'absurde. L'existence et la non existence en même temps, du monde, de Dieu ; le vice vertu et autres incohérences de cette sorte ne peuvent évidemment tomber sous l'action de la toute puissance. Comme l'a fort ingénieusement observé saint Thomas, il faut dire que ces choses sont impossibles, non que Dieu ne les peut faire. Il suit de là que l'impossibilité intrinsèque absolue entraîne également l'impossibilité extrinsèque absolue ; c'est-à-dire que nulle cause ne peut produire ce qui, de soi, est absolument impossible.

§ V. — L'impossibilité absolue et les dogmes.

Pour affirmer qu'une chose est absolument impossible, il est indispensable d'avoir une idée parfaitement claire des termes que nous jugeons contradictoires. (Déclarer une chose impossible par cela seul qu'on ne peut la comprendre, qu'est-ce autre chose que proclamer l'orgueil et la débilité de notre raison?) Remarquons, à ce propos, la folie de ceux qui condamnent certains mystères du christianisme en les déclarant absolument impossibles. Le dogme de la Trinité, celui de l'Incarnation sont, assurément, au-dessus de la faible intelligence de l'homme ; mais, de notre faiblesse, que pouvons-nous conclure? Dieu triple et un; une même nature et trois personnes distinctes, comment cela est-il possible? je l'ignore, mais mon ignorance ne me donne pas le droit d'inférer qu'il y a contradiction. Ai-je compris, par hasard, avant de prononcer, ce qu'est cette nature, ce que sont les personnes en Dieu? non ; et lorsque je veux juger si ce que l'on en dit est impossible, je me heurte à l'inconnu. Que savons-nous des secrets de la Divinité? La foi est l'épreuve (et pour ainsi dire l'achèvement de la raison), et c'est dans sa bonté autant que dans sa sagesse que Dieu n'a pas voulu lever entièrement le voile qui sépare cette vie mortelle de l'océan de lumière et de vérité.

§ VI. — Impossibilité physique ou naturelle.

Il y aurait *impossibilité physique ou naturelle* dans

un fait en opposition avec les lois de la nature. Il est naturellement impossible qu'une pierre laissée libre dans l'air s'y soutienne; que l'eau abandonnée à elle-même ne prenne point son niveau; qu'un corps plongé dans un fluide de moindre densité ne s'enfonce pas; que le soleil s'arrête dans sa course, etc..., parce que les lois de la nature prescrivent la chute des corps, le nivellement des eaux, etc. — Dieu qui a établi ces lois peut les suspendre; l'homme ne le peut. Ce qui est naturellement possible à Dieu ne l'est point à la créature.

§ VII. — Manière de juger qu'une chose est naturellement impossible.

Nous pouvons affirmer qu'un fait est naturellement impossible, lorsque nous savons qu'il existe une loi qui s'oppose à la réalisation de ce fait, et que cette opposition n'est pas détruite ou neutralisée par une autre loi. C'est une loi de la nature que l'homme, manquant de point d'appui, soit attiré vers le sol, parce qu'il est plus pesant que l'air; mais il en existe une autre en vertu de laquelle un corps formé de diverses parties et spécifiquement moins lourd que le milieu dans lequel il se trouve plongé, s'y soutient ou s'élève, alors même que l'une de ses parties serait plus lourde que le fluide ambiant. Ainsi un homme, placé dans un globe aérostatique, convenablement construit, pourra s'élever dans les airs, et ce phénomène sera parfaitement d'accord avec les lois de la nature. L'extrême petitesse de certains insectes ne permet pas que leur image se peigne dans la rétine de notre œil d'une manière perceptible pour nous ; mais, en vertu des lois auxquelles la lumière est soumise, la direction des rayons lumineux se peut modifier de telle sorte, au moyen d'une lentille microscopique, que ces rayons, partis d'un objet très petit, s'écartent à leur point de contact avec la rétine, et y tracent une image beaucoup plus grande que la réalité ; ainsi il ne sera point naturellement impossible qu'à l'aide du microscope s'offrent à notre vue, sous des proportions considérables, des êtres qui restaient imperceptibles à l'œil nu.

On voit par ces considérations combien il importe de ne proclamer qu'après mûr examen, l'impossibilité naturelle de tel ou tel phénomène. La nature est merveilleusement puissante et ses secrets nous sont presque tous inconnus. Si l'on eût dit, au quinzième siècle, qu'un temps viendrait, où, par le secours d'un peu de vapeur comprimée, un voyageur franchirait en une heure la distance que, dans ces temps, on franchissait à peine en un jour, ce fait aurait été déclaré *naturellement* impossible ; et, cependant, l'enfant qui voyage aujourd'hui sur les rails d'un chemin de fer comprend qu'il est emporté dans sa course rapide par des agents purement naturels. Qui sait ce que seront les découvertes de l'avenir et l'aspect que présentera le monde dans dix siècles ! Ne croyons qu'avec réserve, je le veux, à l'existence de phénomènes extraordinaires, et ne nous abandonnons pas inconsidérément à des rêves d'or. Mais gardons-nous aussi de déclarer impossible ou absurde ce qu'une découverte heureuse peut réaliser demain.

§ VIII. — Solution d'une difficulté sur les miracles.

De ces observations semble ressortir une difficulté que les incrédules ont relevée. La voici dans toute sa force : « Les phénomènes que l'on nomme miracles sont produits par des causes inconnues mais naturelles ; ils ne prouvent donc point l'intervention divine, et partant, n'appuient en rien la vérité de la religion chrétienne. » On jugera si nous l'avons résolue.

Un homme d'une naissance obscure et qui n'eut aucun maître pour l'instruire, perdu dans la foule, sans moyens humains d'attirer sur lui les regards, ne possédant pas un lieu où reposer sa tête, se présente au peuple, lui apportant une doctrine aussi nouvelle qu'elle est sublime. On lui demande les titres de sa mission ; il les donne. A sa parole, les aveugles voient ; les sourds entendent ; la langue des muets se dénoue ; les paralytiques marchent, les infirmités les plus rebelles disparaissent tout à coup ; ceux qui viennent d'expirer, ceux que l'on porte au tombeau se lèvent de leur cercueil ; ceux qui, descendus depuis longtemps dans leur sépulcre, répandent déjà autour d'eux les émanations empestées de la mort, se lèvent enveloppés de leur linceul, et sortent de la tombe, obéissant à la voix qui leur dit : Levez-vous ! Voilà l'ensemble des faits. Le naturaliste le plus obstiné cherchera-t-il à y découvrir l'action de lois naturelles occultes ? Osera-t-il taxer d'imprudence les chrétiens qui ont cru que de tels prodiges n'avaient pu s'opérer sans l'intervention divine ? Croyez-vous qu'avec le temps on puisse trouver un secret pour ressusciter les morts, et non au moyen de la science, mais à l'appel d'une voix qui commande ? L'opération de la cataracte a-t-elle quelque rapport avec l'action d'ouvrir subitement au jour les yeux d'un aveugle de naissance ? — Les procédés employés pour rendre le mouvement à un membre paralysé ressemblent-ils à celui-ci ? « *Lève-toi, prends ton lit et rentre dans ta demeure.* » Les sciences hydrostatique et hydraulique arriveront-t-elles jamais à découvrir dans la parole humaine le pouvoir de calmer les vagues en fureur, de les forcer à s'étendre, paisibles, sous les pieds d'un homme qui marche sur leur cime comme un roi sur des tapis aux franges d'argent.

Eh ! que dire encore si, à cet imposant témoignage s'ajoutent l'accomplissement des prophéties, la sainteté d'une vie sans tache, l'élévation de la doctrine et la pureté de la morale ; enfin, le sacrifice de la vie, une mort héroïque au milieu des tourments et des outrages; le même enseignement soutenu, proclamé jusqu'à la fin, avec une sérénité, une douceur pleine de majesté; — jusqu'au dernier soupir qui s'exhale dans ces mots laissés à la terre : Amour et pardon.

Non, qu'on ne nous parle plus de lois occultes, d'impossibilités apparentes; qu'on n'oppose plus à l'évidence ce mot insensé : « Que sais-je! » Une difficulté de ce genre, raisonnable s'il s'agissait d'un fait isolé, obscur, susceptible d'interprétations diverses, ne manque pas seulement de base lorsqu'on l'oppose au christianisme, elle heurte et blesse le sens commun.

§ IX. — Impossibilité morale ou ordinaire.

L'impossibilité *morale ou ordinaire* peut se définir ainsi : ce qui est en opposition avec le cours régulier des événements. Cette définition est susceptible d'interprétations nombreuses. En effet, l'idée, *cours ordinaire* des choses, est si élastique; elle est applicable à des objets si divers, que ce qu'on en pourrait dire en général serait d'une utilité médiocre dans la pratique. Cette impossibilité, d'ailleurs, n'a aucun rapport avec les deux impossibilités, absolue et naturelle; une chose moralement impossible ne laisse pas d'être possible absolument et naturellement.

Nous donnerons une idée très claire et très simple de l'impossibilité ordinaire en disant qu'un fait est impossible de cette manière lorsque, dans le cours régulier des choses, ce fait ne se produit que très rarement ou ne se produit jamais. Je vois un grand personnage dont le nom et les titres sont dans toutes les bouches et à qui l'on rend les honneurs dus à sa dignité. Il est moralement impossible que le nom soit supposé, que le personnage soit un imposteur. Cependant, on y a été trompé quelquefois.

Ajoutons que l'impossibilité morale peut disparaître par l'intervention d'une cause extraordinaire ou imprévue qui change le cours des événements. Un officier de fortune ayant sous ses ordres une poignée de soldats, part d'un pays lointain ; il aborde sur des plages inconnues ; un continent immense s'étend devant lui, peuplé de plusieurs millions d'hommes. Il brûle ses vaisseaux et dit : Marchons ! Où va-t-il ? — Conquérir de vastes royaumes avec quelques soldats. — C'est impossible ! cet aventurier est donc un insensé ? — Laissez ! sa folie est celle de l'héroïsme et du génie. L'impossible va devenir un événement historique. L'aventurier se nomme Fernand Cortez, et sa folie donne à l'Espagne un nouveau monde.

§ X. — Impossibilité de sens commun improprement confondue avec l'impossibilité morale.

Ce mot impossibilité morale a quelquefois un sens très différent de celui que nous lui avons donné jusqu'ici. Il est des faits impossibles dont on ne peut affirmer l'impossibilité absolue ou naturelle ; et cependant nous sommes tellement certains qu'ils sont irréalisables, que l'impossibilité naturelle, l'impossibilité absolue elle-même, ne sauraient produire en nous une certitude plus entière. Un homme a renfermé dans une urne un grand nombre de caractères d'imprimerie que nous supposerons de forme cubique, pour qu'il y ait égale probabilité qu'ils tomberont et se maintiendront sur telle face que ce soit. Il les mêle, les agite plusieurs fois sans ordre, et les laisse enfin tomber à terre. Est-il possible que dans leur chute ces caractères se trouvent disposés, par hasard, de manière à composer l'épisode de Didon ? Non, répond instantanément tout homme en son bon sens. L'espérer serait folie. Nous sommes si fortement convaincus de l'impossibilité du fait que, dût notre vie être l'enjeu d'un hasard de ce genre, nous n'en serions nullement préoccupés.

Remarquons qu'il n'y a ici ni impossibilité métaphysique, ni impossibilité absolue, parce que les caractères d'imprimerie n'ont aucune répugnance essentielle à se placer de la manière voulue. En effet, un compositeur, en peu de temps et avec une grande facilité, les disposerait dans cet ordre. Aucune loi de la nature ne s'opposant à ce que ces caractères tombent sur une face ou sur une autre, à côté l'un de l'autre, et de manière à produire l'effet souhaité, on ne saurait invoquer l'impossibilité naturelle. Il existe donc une impossibilité d'un autre ordre, n'ayant rien de commun avec les deux premières, et différant également de celle que nous avons nommée impossibilité morale par le fait seul qu'elle est en dehors du cours régulier des événements. Nous l'appelons impossibilité de sens commun.

La théorie des probabilités et celle des combinaisons mettent en évidence cette impossibilité en mesurant, pour ainsi dire, la distance immense qui sépare la possibilité d'un phénomène, de sa réalisation. L'auteur de la nature n'a pas voulu que certaines convictions d'une importance souveraine eussent besoin d'être raisonnées. Que d'hommes, dans ce cas, en auraient été privés! C'est pourquoi il nous les a données sous forme d'instinct. En vain vous efforcerez-vous de les combattre! Peut-être ne saura-t-on que répondre à vos sophismes, mais ceux que vous aurez forcés au silence diront eux-mêmes, en secouant la tête : « Pauvre cervelle! comment admettre de telles absurdités! »

Quand la nature parle au fond de notre âme d'une voix si claire, si impérieuse, il y aurait folie à ne pas d'écouter. Seuls, quelques hommes qui prennent le nom de philosophes s'obstinent à ce labeur ingrat. Ils oublient qu'il n'est pas de philosophie en dehors du sens commun, et que l'absurde est un étrange chemin pour arriver à la sagesse.

CHAPITRE V.

DE L'EXISTENCE; CONNAISSANCES ACQUISES PAR LE TÉMOIGNAGE IMMÉDIAT DES SENS.

§ 1. — Nécessité du témoignage des sens ; différentes manières dont ils nous procurent la connaissance des choses.

Après avoir établi les principes et les règles qui nous doivent guider dans les questions de possibilité, passons aux questions d'existence ; elles nous offriront un champ plus vaste, et de plus utiles et plus fréquentes applications.

Nous pouvons, de deux manières, acquérir la certitude de l'existence ou de la non existence d'un être, la certitude qu'une chose est ou n'est pas : par nous-mêmes ou au moyen d'autrui.

La connaissance que nous acquérons de l'existence des choses, au moyen des sens, est médiate ou immédiate. Les sens présentent directement les objets à notre intelligence ; ou bien, des impressions que ces objets produisent, l'intelligence infère l'existence d'un ordre de phénomènes et de faits qui se dérobent aux sens, et même de faits placés au-dessus de la sphère des sens. La vue m'avertit immédiatement de l'existence d'un édifice qui se dresse devant moi. Un tronçon de colonne, quelques restes de mosaïque, une inscription m'apprennent que là où je découvre ces objets s'élevait jadis un temple romain. Dans les deux cas, je dois aux sens la connaissance acquise : immédiatement pour le premier, d'une manière médiate dans le second.

Sans le secours des sens, l'homme n'arriverait même point à connaître l'existence des êtres immatériels. En effet, l'intelligence plongée dans un éternel engourdissement ne pourrait acquérir cette connaissance ni par un acte de raison, ni par un acte de foi ; à moins que Dieu ne vînt à son aide par des moyens surnaturels, ce dont nous n'avons pas à nous occuper ici.

La distinction que nous venons d'exposer n'est infirmée par aucun des systèmes admis sur l'origine des idées. Qu'on les suppose innées ou acquises, qu'elles nous viennent des sens ou qu'elles soient seulement éveillées par les sens, il est évident que nous ne pouvons rien, que nous ne savons rien, qu'au préalable ces puissants auxiliaires de la pensée n'aient été mis en action. Laissons les idéologues imaginer ce qu'ils voudront sur les opérations intellectuelles d'un homme privé de tous ses organes ; comment vérifier l'erreur ou la vérité de leurs systèmes ? L'infortuné ne pourrait communiquer ses impressions ni par la parole, ni même par signes. Après tout, il ne s'agit point ici d'un être exceptionnel, mais de l'homme doué de ses organes, et l'expérience nous enseigne que, dans ces conditions, l'homme connaît, et qu'il connaît ce qu'il sent ou au moyen de ce qu'il sent.

§ II. — Erreurs auxquelles nous sommes exposés à l'occasion des sens. Moyens de remédier à ces erreurs. Exemples.

Si la connaissance immédiate que les sens nous donnent de l'existence d'une chose est quelquefois entachée d'erreur, c'est que nous ne savons point nous servir de ces instruments admirables. Les objets matériels agissant sur l'organe excitent-ils une impression dans notre âme ? Cherchons à découvrir d'où vient cette impression, et jusqu'à quel point elle correspond à l'existence de l'objet qui semble la produire. Voilà la règle. Quelques exemples la feront mieux comprendre.

J'aperçois au loin un objet qui se remue, et je dis : il y a là un homme. Mais, en me rapprochant de cet objet, je découvre que j'ai pris pour un homme un arbuste agité par le vent. Le sens de la vue m'a-t-il trompé ? Non, parce que l'impression qu'il me transmettait n'était autre que celle d'un corps en mouvement, et que si j'eusse porté à l'impression reçue une attention suffisante, j'aurais pu remarquer qu'elle ne représentait pas un homme. J'ai transformé mon impression. L'erreur n'appartient donc pas au sens de la vue, mais à l'insuffisance de mon attention.

Ayant trouvé une certaine ressemblance entre un objet confus en mouvement et un homme vu de loin, j'ai passé de la ressemblance à l'homme, et conclu l'un de l'autre, oubliant que l'apparence et la réalité sont deux choses entièrement distinctes.

Vous avez quelques raisons de croire qu'on doit livrer une bataille à une certaine distance du lieu où vous vous trouvez. Vous croyez avoir entendu le canon et vous êtes pleinement convaincu que les hostilités sont commencées. Cependant, il n'en est rien. Que devez-vous accuser de votre erreur? votre ouïe? Nullement; accusez-vous vous-même. Un bruit s'est fait entendre, en effet; c'était celui que produisaient dans la forêt prochaine les coups de hache d'un bûcheron; c'était le retentissement d'une porte qui se fermait, c'était tout autre bruit produisant une détonation semblable à celle du canon dans le lointain. Vous étiez-vous assuré que la cause de votre illusion ne se trouvait point auprès de vous? Votre oreille était-elle suffisamment exercée pour discerner la vérité, attendu la distance où devaient se faire les décharges d'artillerie, la position du lieu, la direction du vent? Ce n'est pas le sens de l'ouïe qui vous a trompé; c'est votre légèreté, c'est votre précipitation. La sensation était ce qu'elle devait être; vous lui avez fait dire ce qu'elle ne disait pas.

§ III. — Il est nécessaire, dans certains cas, d'employer plusieurs sens afin de comparer leur témoignage.

Remarquons que pour arriver à connaître, au moyen des sens, l'existence d'un objet, il est quelquefois nécessaire d'employer plusieurs sens à la fois, et qu'il l'est toujours de se prémunir contre les illusions. Discerner jusqu'à quel point l'existence d'un objet correspond à la sensation reçue, est évidemment l'œuvre de la comparaison, fruit de l'expérience. Un aveugle à qui l'on enlève la cataracte n'apprécie les distances, ne juge des formes et des proportions des corps qu'après avoir acquis la pratique de la vue. Cette pratique, nous l'acquérons dès l'enfance, sans nous en rendre compte, et voilà pourquoi nous croyons qu'il suffit d'ouvrir les yeux pour saisir les objets tels qu'ils sont en eux-mêmes. Une expérience bien simple, et que nous pouvons renouveler souvent, nous convaincra du contraire.

Un adulte et un tout jeune enfant regardent à travers un verre d'optique des peintures représentant un point de vue, des animaux sauvages, une bataille, etc.

Tous deux reçoivent la même impression; mais, ni la bataille, ni les animaux sauvages n'effraient l'adulte, qui sait bien que ce qu'il a sous les yeux n'est point la réalité. Ce n'est même pas sans efforts qu'il conserve l'illusion, et, plus d'une fois, il a besoin de suppléer aux imperfections de l'instrument ou du tableau pour goûter ce spectacle.

L'enfant, au contraire, qui ne compare point, qui est tout entier à la sensation isolée, et qui s'absorbe en elle, s'émeut et pleure à la vue des soldats qui s'égorgent, et des bêtes sauvages, dont il a peur.

§ IV. — **Sains de corps, malades d'esprit.**

Prenez garde, nous dit-on, lorsque vous cherchez, à l'aide des sens, à découvrir la vérité, qu'aucune maladie n'affecte leurs organes, de peur qu'ils ne vous transmettent des sensations trompeuses. Ce conseil est sage; est-il aussi utile qu'on le croit? Les malades se livrent rarement à des études sérieuses, et ainsi leurs erreurs sont de mince importance; la maladie d'un organe avertit d'ailleurs qu'on ne doit point se confier à son témoignage. Ceux-là surtout ont besoin d'avertissements et de règles, qui, sains de corps, ne le sont pas d'intelligence; qui, préoccupés d'une idée, mettent au service de cette idée tous leurs sens à la fois et les forcent de percevoir (qui sait? de bonne foi peut-être) tout ce qui vient en aide au système qu'ils ont adopté. Que ne découvrira point dans les corps célestes cet astronome qui s'arme d'un télescope, non pour scruter avec calme les profondeurs des cieux, mais pour y trouver à tout prix des preuves à l'appui d'une assertion hasardée ?

J'ai dit avec intention que de semblables erreurs pouvaient être de bonne foi. Souvent, en effet, l'homme se trompe lui-même avant de tromper les autres. Dominé par son opinion favorite, tourmenté du désir de trouver des preuves qui en établissent la vérité, il étudie les objets non pour apprendre, mais pour avoir raison. Aussi, il y découvre tout ce qu'il cherche; le plus souvent, ses sens lui disent autre chose ou ne lui disent rien : n'importe; les plus légères apparences suffisent à sa préoccupation. « C'est cela ! s'écrie-t-il avec transport; je l'ai trouvé ! c'est bien ce que je soupçonnais ! » Et il étouffe avec soin les doutes qui s'élèvent dans son esprit. Il les impute à son peu de foi en son incontestable savoir; il s'impose l'obligation d'être satisfait, fermant les yeux à la lumière afin de pouvoir tromper autrui sans être contraint à mentir.

Il suffit d'avoir étudié le cœur de l'homme pour reconnaître la vérité de ces observations. Nous débattons en nous certaines questions avec une partialité déplorable. Avons-nous besoin d'une conviction ? nous travaillons, par tous les moyens, à la former dans notre esprit. Au commencement, le labeur est rude, la tâche est difficile; mais bientôt l'habitude fortifie les faibles, l'orgueil se lance en avant pour fermer la retraite, et, tel qui commença par combattre contre lui-même de moitié avec une erreur qu'il ne pouvait s'empêcher de voir, finit par en être réellement la dupe et s'enfonce dans son illusion avec une invincible opiniâtreté.

§ V. — Sensations réelles, mais sans objet externe.

Nos erreurs ne tiennent point toutes aux exagérations de notre jugement ou aux transformations qu'il fait subir à la sensation : il en est d'une autre sorte. Sous l'empire d'une idée fixe, l'imagination sollicitant sans cesse le même organe, finit par maîtriser, par altérer l'action vitale, et par créer des sensations réelles qui n'ont d'autre cause que l'imagination elle-même. On en vient à sentir ce qui n'existe pas. Pour comprendre ce phénomène, souvenons-nous que la sensation ne s'accomplit point dans l'organe, mais dans le cerveau, bien que la force de l'habitude nous fasse rapporter l'impression à la partie affectée de l'organisme. Nous perdons la vue si le nerf optique souffre une lésion grave, et cependant notre œil reste sain. Toute sensibilité s'éteint dans un membre qui cesse d'être en communication avec le cerveau. On infère de ces phénomènes que le cerveau est le centre des sensations, et que si l'impression qu'un organe extérieur avait coutume de produire y est excitée à la suite d'un acte interne, la sensation a lieu indépendamment de l'impression extérieure.

Exemple : Un organe reçoit d'un corps une impression et la communique au cerveau en produisant dans le nerf A la vibration ou toute autre affection B. Que si, par une cause quelconque, purement intérieure et morale, il se produit dans ce nerf A la même vibration B, nous éprouverons nécessairement la sensation que nous aurions éprouvée si l'organe avait été matériellement affecté.

Sur ce point, la raison et l'observation se trouvent d'accord ; l'âme prend connaissance des objets extérieurs médiatement au moyen des sens, immédiatement au moyen du cerveau ; donc, lorsque celui-ci reçoit telle ou telle impression, l'âme ne peut s'empêcher de la rapporter à l'organe duquel elle procède ordinairement et à l'objet qui a coutume de la produire. Si elle est avertie que l'organisme est malade, elle se tiendra sur ses gardes, mais elle n'en recevra pas moins la sensation tout en se défiant de son témoignage. Lorsque Pascal voyait un abîme ouvert à ses côtés, sa raison lui disait qu'en réalité il était sous l'empire d'une illusion, et toutefois il éprouvait la sensation que l'on ressent à la vue d'un abîme ; ses efforts ne pouvaient surmonter l'illusion. Le phénomène n'a rien d'étrange pour quiconque a étudié ces matières.

§ VI. — Les maniaques et les hommes absorbés en eux-mêmes.

L'exaltation est une sorte de folie intermittente ou partielle. Une imagination exaltée peut tomber, au sujet de ses préoccupations, dans les mêmes erreurs qu'un cerveau malade. Les manies sont un phénomène de ce genre; l'on sait qu'il en est de plusieurs espèces et qu'elles n'ont point toutes le même degré d'intensité. Elles sont continues ou momentanées, extravagantes ou sérieuses, vulgaires ou savantes. — Le chevalier de la Manche voyait de formidables armées dans un troupeau de brebis, et des géants démesurés dans les moulins à vent. Emporté par son imagination, par sa fantaisie, par la manie qui le maîtrise, tel savant, tel astronome, tel naturaliste verra dans son télescope, dans ses cornues, dans son microscope les phénomènes les plus bizarres, les plus étranges.

Les grands penseurs, les hommes absorbés en eux-mêmes sont plus particulièrement exposés à tomber dans les manies scientifiques, dans les illusions sublimes. Notre triste humanité traîne toujours après elle son héritage de faiblesses. Le génie lui-même ne l'en affranchit pas. Une femme nerveuse entend dans le murmure des brises des gémissements plaintifs;

elle voit des spectres dans un rayon de lune se jouant à travers les clairières; les cris stridents de l'oiseau de nuit sont pour elle l'appel des démons. Par malheur, les femmes ne sont pas seules douées de ces imaginations ardentes qui prennent pour des réalités les extravagances de leurs rêves.

CHAPITRE VI.

CONNAISSANCES ACQUISES MÉDIATEMENT, AU MOYEN DES SENS.

§ I. — Transition du connu à l'inconnu, de ce qui est perçu par les sens à ce que les sens ne perçoivent pas.

Nous devons aux sens la connaissance immédiate de l'existence d'un grand nombre d'objets; mais le nombre est plus grand encore de ceux que les sens n'atteignent point, parce que ces objets sont incorporels ou hors de leur portée. L'édifice qu'on élève sur cette base étroite des connaissances acquises au moyen des sens est si gigantesque, qu'à sa vue l'esprit étonné hésite; il a peine à croire à sa solidité.

Là où les sens ne peuvent atteindre, l'entendement suppléé à leur insuffisance, en passant du connu à l'inconnu, des objets sensibles à ceux qui ne le sont pas. La lave répandue sur le sol nous révèle l'existence d'un volcan que nous n'avons point vu ; des coquillages découverts sur le sommet des montagnes font naître en nous l'idée d'un débordement des eaux et nous mettent sur la trace d'une catastrophe dont nous n'avons pas été les témoins. Certains travaux souterrains nous indiquent qu'en des temps antérieurs à nous on exploita des mines aux lieux que nous visitons. Les ruines d'une antique cité nous signalent la demeure d'hommes depuis longtemps disparus de la scène du monde. Ainsi, les sens nous présentent un objet, et au moyen de cet objet l'entendement parvient à en connaître d'autres tout différents.

Mais, qu'on veuille bien l'observer, cette transition du connu à l'inconnu ne se peut faire si déjà nous n'avons acquis une idée plus ou moins complète, plus ou moins générale de l'objet inconnu ; si nous ne savons en même temps qu'il existe entre les deux une certaine dépendance. Ainsi, dans les exemples précédents, s'il est vrai que nous ne connaissions d'une manière précise ni le volcan, ni les mineurs, ni les habitants des cités en ruine, toutefois ces divers objets, et leurs relations avec les objets que les sens nous présentent, nous sont au moins connus d'une manière générale. De la contemplation du mécanisme admirable de l'univers, l'homme ne pourrait s'élever à la connaissance du Créateur s'il ne possédait les idées d'effet et de cause, d'ordre et d'intelligence. Soit dit en passant, cette seule observation suffit pour renverser le système de ceux qui ne veulent voir dans notre entendement que des sensations transformées.

§ II. — Coexistence et succession.

Nous ne sommes autorisés à inférer l'existence simultanée de deux phénomènes que de leur mutuelle dépendance. Il faut donc connaître cette dépendance; toute la difficulté est là. Si nos regards pénétraient dans les profondeurs où se cache la nature des choses, il nous suffirait de les arrêter sur un objet pour saisir aussitôt toutes les propriétés, toutes les relations, qui rattachent cet objet aux autres. Par malheur il en est autrement. Dans l'ordre physique comme dans l'ordre moral, les idées que nous possédons sur les principes constitutifs des êtres sont en petit nombre et très incomplètes. Secrets précieux, soigneusement voilés par la main du Créateur. Ainsi la nature cache dans les profondeurs de son sein ses trésors les plus rares et les plus exquis.

Ce défaut de lumières, relativement à l'essence des choses, nous force souvent de conclure à la dépendance des phénomènes, du fait seul de leur coexistence ou de leur succession. Nous inférons qu'une chose dépend de l'autre, de cela seul qu'elles existent ensemble, ou que l'une se produit à la suite de l'autre. De là de fréquentes erreurs. Eh! qui donc possède l'étendue et la sûreté d'esprit nécessaires pour reconnaître toujours dans quelle circonstance la coexistence et la succession sont ou ne sont pas signes de dépendance?

Établissons d'abord, comme incontestable, que ni l'existence simultanée de deux êtres ou de deux faits, ni leur succession immédiate, considérées en elles-mêmes, indépendamment de tout le reste, ne prouvent suffisamment entre elles un rapport de dépendance. Une herbe vénéneuse et empestée mêle quelquefois ses fleurs à celles d'une plante médicinale et aromatique ; un reptile chargé de poisons se traîne à côté du papillon aux ailes d'or ; l'assassin qui fuit la justice humaine se cache dans le taillis où l'honnête chasseur guette sa proie ; une brise légère passe et rafraîchit les airs, et bientôt l'ouragan mugit apportant sur ses ailes la tempête et l'épouvante.

Il est donc téméraire de juger des relations que deux phénomènes ont entre eux d'après cela seul qu'on les a vus unis quelquefois ou se succédant à de courts intervalles. N'est-ce point à ce sophisme qu'il faut imputer les prédictions toujours renouvelées et toujours démenties sur les variations atmosphériques, les conjectures hasardées sur les sources, sur les veines de métaux précieux, etc. On a observé quelquefois que les nuages, après avoir affecté telle position, se dissolvaient en pluie ; que les vents ou les brouillards du matin ayant pris telle direction, l'orage avait grondé, et l'on s'est hâté de conclure qu'il y avait relation entre les deux phénomènes ; on a pris l'un comme indication de l'autre, oubliant que la coexistence, ici, pouvait être entièrement indépendante et de hasard.

§ III. — Deux règles sur la coexistence et la succession.

L'importance de la matière exige que nous établissions quelques règles.

1° Lorsqu'une expérience prolongée nous montre deux phénomènes dont l'existence est simultanée, de telle sorte que l'apparition ou l'absence de l'un amène constamment l'apparition ou l'absence de l'autre, nous pouvons affirmer légitimement que ces phénomènes ont entre eux une certaine liaison, et, partant, de l'existence de l'un inférer celle de l'autre.

2° Si deux phénomènes se succèdent invariablement de telle sorte que le premier soit toujours suivi du second, que l'existence de celui-ci ait toujours signalé la préexistence de celui-là, concluons, sans crainte, qu'ils sont liés entre eux par une certaine dépendance.

Il serait difficile, peut-être, de démontrer philosophiquement ces propositions ; mais que ceux qui seraient tentés de les mettre en doute veuillent bien observer que le bon sens, raison supérieure de l'humanité, les prend pour règle; que la science, dans un grand nombre de cas, s'incline devant elles, et que, dans la plupart de ses investigations, notre entendement n'a pas d'autre guide.

Il est universellement reconnu qu'une certaine grosseur, la forme, la couleur, etc., sont, pour les fruits, des signes de maturité. Comment le villageois, qui les cueille, sait-il cette relation ? comment, de la forme, de la couleur et autres apparences qu'il perçoit au moyen de la vue, infère-t-il une qualité qu'il n'expérimente pas, la saveur ? Demandez-lui de vous expliquer la théorie de cet enchaînement d'idées, il ne saura que répondre. Mais efforcez-vous de lui prouver qu'il se trompe, il se rira de votre philosophie; inébranlable dans sa croyance, par la simple raison « qu'il a toujours vu la chose ainsi. »

On sait qu'un certain degré de froid congèle les liquides, qu'un certain degré de chaleur les rend à leur premier état. La raison de ces phénomènes est ignorée généralement, et, toutefois, nul ne met en doute la relation qui existe entre la congélation et le froid, entre la liquéfaction et la chaleur. Peut-être pourrait-on élever quelques difficultés sur les causes que les physiciens assignent à ce double fait, mais le vulgaire n'attend pas l'avis des savants pour former son opinion. Ces deux faits existent, toujours réunis, dit-on ; donc ils sont liés par quelque rapport.

Il serait facile de faire de cette règle des applications sans nombre ; celles qui précèdent suffiront pour mettre sur la voie. Je dirai seulement que la plupart de nos actes sont basés sur le principe suivant : L'existence simultanée de deux phénomènes, observée pendant un temps considérable, nous autorise à conclure que l'un se produisant, l'autre devra se produire aussi. Si cette règle n'était pas tenue pour certaine, le commun des hommes ne pourrait agir ; les philosophes eux-mêmes se trouveraient dans un grand embarras, et ne seraient guère plus avancés que le vulgaire.

La deuxième règle a beaucoup d'analogie avec la première ; elle repose sur les mêmes principes et s'applique au même ordre de faits. Une expérience constante nous montre que l'oiseau éclot d'un œuf. Nul, jusqu'à ce jour, n'a expliqué d'une manière satisfaisante comment, de la liqueur enfermée dans la coquille, est formé ce petit être si admirablement organisé. D'ailleurs, la science donnerait-elle l'explication complète du phénomène, cette explication ne serait pas à l'usage du vulgaire ; et cependant, ni le vulgaire, ni les savants n'hésitent à croire qu'il existe une relation de dépendance entre la liqueur et l'oiseau : cette merveille animée, nous n'en saurions douter, a eu pour origine une substance informe contenue dans la coquille de l'œuf.

Peu d'hommes comprennent, ou, pour mieux dire, nous ignorons tous de quelle façon la terre végétale concourt à la germination des semences, au développement des plantes, et quelle est la cause qui approprie certaines qualités de terrains plutôt que d'autres à des productions déterminées; mais cela s'est toujours vu ; en voilà assez pour nous autoriser à croire qu'une chose dépend de l'autre; pour que, de la présence de la seconde, nous puissions inférer hardiment l'existence de la première.

§ IV. — De la causalité. Observations. Une règle de dialectique.

Toutefois il importe de distinguer entre la succession une seule fois observée, et celle qui l'a été plusieurs fois. Dans le premier cas, la succession n'implique ni causalité ni relation d'aucune espèce; dans le second, si elle ne suppose pas toujours la dépendance d'effet et de cause, elle indique au moins une cause commune. Si le flux et le reflux des eaux de la mer eût coïncidé seulement quelquefois avec telle position de la lune, on n'aurait pu légitimement en conclure l'existence d'un rapport entre ces deux phénomènes; mais la coïncidence étant constante, on a dû conclure de cette persistance que si l'un de ces deux faits n'avait point l'autre pour cause, ils avaient du moins tous les deux une cause identique, et qu'ils étaient liés dans leur origine.

Quoi qu'il en soit, c'est avec raison que les dialecticiens flétrissent du nom de sophisme le raisonnement suivant : *Post hoc, ergo propter hoc,* après le fait, donc à cause du fait ; car

En premier lieu il ne s'agit point de la succession se produisant d'une manière constante ; et en second lieu cette succession peut bien indiquer la dépendance à l'égard d'une cause commune, mais non que des deux phénomènes l'un soit la cause de l'autre.

Nous procédons dans nos jugements sur les phénomènes de la nature comme pour les choses de la vie, modifiant l'application de la règle selon l'importance du sujet. En certains cas, nous nous contentons d'une première ou de quelques expériences ; en d'autres, nous les exigeons nombreuses et répétées, mais au fond nous sommes toujours conduits par le même principe. Deux faits qui se succèdent invariablement ont entre eux une certaine dépendance, l'existence de l'un révèle l'existence de l'autre. La simultanéité suppose un lien, une relation entre les faits ou un rapport des deux faits avec un troisième.

§ V. — Raison d'un acte qui nous paraît purement instinctif.

Cette inclination naturelle qui nous porte à inférer

de la coexistence de deux faits ou de leur succession un rapport entre ces faits, inclination qui ne nous paraît qu'une inspiration aveugle de l'instinct, est en réalité l'application intelligente, mais inaperçue, d'un principe primitif gravé dans le fond de notre âme. Nous pouvons regarder comme accidentelle une coïncidence qui se présente quelquefois, et par conséquent n'y attacher aucune idée de relation ; mais, lorsque la coïncidence se répète, qu'elle se renouvelle sans cesse : « Il y a ici enchaînement, disons-nous sans hésiter ; il y a mystère. La puissance du hasard ne va pas si loin. »

C'est ainsi qu'en étudiant à fond les facultés de l'homme, nous apercevons partout la main généreuse de la Providence qui s'est plu à enrichir son entendement et son cœur des dons les plus inestimables et les plus divers !

CHAPITRE VII.

LA LOGIQUE D'ACCORD AVEC LA CHARITÉ.

§ I. — Sagesse de la loi qui défend les jugements téméraires.

La loi chrétienne qui défend les jugements téméraires n'est pas seulement charité, elle est une loi de prudence et de bonne logique. Rien de plus téméraire que de juger, sur de simples apparences, d'une action et surtout de l'intention qui l'a produite. Dans le cours ordinaire des choses, les moindres événements sont si compliqués, les hommes se trouvent placés en des situations si diverses, ils agissent par des motifs si différents, ils voyent les choses sous des points de vue si opposés, que, bien souvent, nous n'aurions, pour ainsi dire, qu'à changer de place pour passer de la colère à l'indulgence, pour comprendre, pour excuser un fait, une façon de penser ou d'agir dont nous avons été d'abord étonnés, froissés, et que nous étions tentés de condamner sans appel.

§ 11. — Examen de cette maxime : *Crois le mal, et tu ne te tromperas pas.*

On s'imagine donner une règle de conduite très sage en disant : « *Crois le mal, tu ne te tromperas pas*, » et corriger ainsi la morale de l'Évangile. « Gardez-vous d'être trop confiant, nous dit-on sans « cesse; se payer de mots, c'est folie! L'homme est « méchant. Des faits, voilà ce qui prouve, en amitié! » Comme si l'Évangile conseillait l'imprudence et la sottise; comme si le Christ, en nous recommandant d'être simples comme la colombe, ne nous avertissait pas d'être prudents comme le serpent ; comme s'il ne nous avait pas enseigné qu'il ne faut point croire à tout esprit, et que le fruit juge l'arbre qui le porte ; comme si, à propos de la malice humaine, nous ne lisions point dans les premières pages des saints livres : L'esprit de l'homme incline au mal dès la jeunesse !

Cette maxime pernicieuse, qui érigerait en moyen d'arriver au vrai la malignité de notre cœur, est aussi contraire à la saine raison qu'à la charité chrétienne. L'expérience ne nous enseigne-t-elle pas, en effet, que le menteur le plus déterminé dit encore plus de vérités que de mensonges ? que l'être le plus dépravé accomplit encore plus d'actions bonnes ou indifférentes que de mauvaises actions ? L'homme aime naturellement la vérité et le bien ; il ne s'en écarte que lorsque ses passions le maîtrisent et l'égarent. Le menteur cède à son inclination lorsque le mensonge favorise ses intérêts ou sert sa vanité ; hors ces cas, il dit vrai et parle comme le reste des hommes. Le voleur dérobe, l'homme de mauvaise foi manque à sa parole, le querelleur dispute lorsque l'occasion le sollicite et que la passion l'entraîne. Que si ces hommes s'abandonnaient constamment à leurs mauvais instincts, ils deviendraient de véritables monstres ; leur vice dégénérerait en démence, et bientôt, dans l'intérêt de l'ordre et de la morale, la société se verrait forcée de les rejeter de son sein.

Concluons. Croire au mal sans raisons suffisantes et prendre, dans ses jugements, sa propre malice comme garantie de vérité serait donc aussi irrationnel qu'injuste. Quelques boules noires sont mêlées dans l'urne aux boules blanches, cent fois plus nombreuses. Retirerai-je une boule noire ? — peut-être... Mais, vous l'affirmez, et voilà l'erreur !

§ III. — Quelques règles pour juger la conduite des hommes.

Ces règles sont des précautions judicieuses. Filles de la prudence, elles n'altèrent point la simplicité.

RÈGLE PREMIÈRE.

Il ne faut pas compter sur la vertu du commun des hommes lorsqu'elle est mise à une trop rude épreuve.

Résister à de violentes tentations est le triomphe d'une âme forte, d'une vertu passée au creuset, et peu d'hommes possèdent une semblable vertu. L'expérience nous enseigne que dans les positions extrêmes la faiblesse humaine succombe presque toujours ; les saints livres viennent à l'appui de l'expérience : « Qui aime le péril y périra. »

Vous savez qu'un honorable commerçant se trouve dans la gêne la plus étroite alors que tout le monde le croit dans une position florissante. Sa réputation, l'avenir de ses enfants dépendent d'une opération peu délicate, mais très lucrative. S'il se décide à la faire, tout est réparé; s'il s'abstient, le secret de sa position se découvrira; sa ruine est inévitable. Que fera-t-il?... — Si l'opération peut vous nuire, prenez vos précautions à temps! Éloignez-vous d'un édifice qui, en des circonstances ordinaires, résisterait sans doute, mais que bat aujourd'hui un formidable ouragan.

Deux personnes belles, jeunes, et d'un commerce aimable, ont noué des relations intimes et fréquentes; elles ont de la vertu, je le sais; n'y aurait-il pas d'autre motif, l'honneur devrait suffire à les maintenir dans les limites du devoir, je le sais encore. Toutefois, si la chose vous intéresse, prenez promptement votre parti, sinon, taisez-vous. — Ne jugez point témérairement, mais priez Dieu pour elles; vos prières pourraient bien n'être pas inutiles.

Vous gouvernez votre pays; les temps sont mauvais, les circonstances critiques. Un de vos subordonnés, chargé d'un poste important, se trouve assiégé nuit et jour par un ennemi qui possède d'inépuisables moyens d'attaque..... sonnants et de bon aloi. Votre employé, croyez-vous, est un homme honorable; de nombreux et forts engagements le lient à votre cause. Surtout, il est enthousiaste de certains principes et les défend avec chaleur. N'importe! il sera bon que vous ne perdiez pas cette affaire de vue. Vous ferez bien de croire que l'honneur et les convictions de votre subordonné peuvent résister aux coups d'une machine de guerre du poids de... cinquante mille pièces d'or ; mais, il sera mieux encore de ne le point mettre à l'épreuve, surtout si les conséquences devaient être irréparables.

Vous voyez l'autorité en péril ; on veut imposer à son représentant un acte auquel il ne peut souscrire sans s'avilir, sans manquer aux devoirs les plus sacrés, sans compromettre des intérêts du premier ordre. Le magistrat est d'un caractère naturellement droit ; dans sa longue carrière, on ne saurait lui reprocher une félonie, et sa droiture est accompagnée d'une certaine fermeté. Les antécédents sont excellents, et toutefois, lorsque vous entendrez gronder la tempête, lorsque vous verrez l'émeute gravir les degrés du prétoire, un hardi démagogue frapper à la porte, tenant d'une main l'acte à signer et de l'autre le poignard ou l'arme à feu toute prête, craignez beaucoup plus pour l'honneur que pour la vie du magistrat ! Il est probable que l'homme ne mourra point. L'intégrité n'est pas l'héroïsme.

Il est donc permis, il est même très sage en certaines circonstances, de se défier de la vertu des hommes, surtout lorsque, pour pratiquer cette vertu, ils ont besoin d'une supériorité d'âme que la raison, l'expérience, la religion elle-même, nous apprennent être fort rares. Ajoutons que, pour appréhender, il ne faudra pas toujours attendre que le danger soit tel que nous venons de le dépeindre. Pour les méchants, une simple occasion équivaut à une tentation violente. Ainsi, dans l'application, avant de porter un jugement (et c'est la seule règle qu'on puisse établir), considérons quelle est la personne, en graduant les probabilités de résistance ou de chute sur son inclination habituelle à mal faire ou sur sa longue pratique du bien.

Ces considérations donnent naissance à de nouvelles règles.

RÈGLE DEUXIÈME.

Intelligence, inclinations, caractère, moralité, intérêts, en un mot, tout ce qui peut influer sur les déterminations d'un homme, voilà ce qu'il nous faut connaître, si nous voulons conjecturer avec quelque probabilité quelle sera sa conduite dans un cas donné.

Bien que doué du libre arbitre, l'homme ne laisse pas d'être soumis à une multitude d'influences qui contribuent puissamment à déterminer ses décisions, et l'oubli d'une seule de ces influences peut, dans nos jugements, nous induire en erreur. Prenons cet exemple : Un homme est placé dans une position critique qui l'expose à trahir ses devoirs ; il semble, à la première vue, qu'il suffirait, pour préjuger le dénouement, de connaître la moralité de cet homme et les difficultés qui font contre-poids à sa moralité ; mais nous oublions de tenir compte d'une qualité sans laquelle, en pareil cas, toutes les autres sont gravement compromises : la fermeté du caractère. Qu'advient-il de cet oubli ? que nos espérances sont trompées quelquefois par un homme de bien et dépassées par un méchant homme. Dans la lutte que la vertu soutient contre le mal, il est loin d'être inutile que des passions énergiques combattent pour elle. Une âme ardente et fortement trempée s'exalte, et puise dans le péril des forces nouvelles. L'orgueil vient en aide au sentiment du devoir. L'homme qui se plaît à braver les dangers, à surmonter les obstacles, se sent plus résolu, plus hardi lorsqu'il entend les applaudissements de la conscience. Céder, pour lui, c'est faiblesse ; reculer, c'est lâcheté ; c'est montrer qu'il a peur ; c'est se couvrir d'infamie.

En sera-t-il ainsi de la vertu pusillanime ? « La « ligne du devoir est tracée, mais pour la suivre, il « faut braver la mort, laisser une famille, des orphe- « lins dans l'abandon. Le sacrifice, d'ailleurs, n'ar- « rêtera point le mal ; qui sait ? peut-être y ajou- « tera-t-il encore. Il faut savoir accorder aux temps « ce que les temps exigent ; après tout, le devoir « n'est pas quelque chose d'abstrait et d'absolu. Les « vertus que ne modère point la prudence cessent de « mériter le nom de vertu, etc... » Enfin l'honnête homme a trouvé ce qu'il cherchait, un parlementaire entre le bien et le mal. La peur, sous ses véritables traits, aurait été repoussée ; elle a pris le masque de la prudence. La capitulation ne se fera pas attendre.

Cet exemple, et il n'a rien d'imaginaire, fait toucher au doigt la nécessité de tenir compte des circonstances qui ont trait à l'individu, avant de porter un jugement sur lui. Malheureusement, la connaissance des hommes est une étude des plus difficiles. Apprendre à juger sainement n'est pas l'œuvre d'un jour.

RÈGLE TROISIÈME.

Se dépouiller avec soin de ses idées, de ses affections particulières, et se garder de croire que les autres agiront comme nous agirions nous-mêmes.

Nous avons tous fait cette expérience : l'homme incline à juger autrui en se prenant pour terme de comparaison. De là le proverbe : *Qui ne fait point le mal, ne le soupçonne pas ;* et celui-ci : *Un larron se défie de son ombre.* Ce penchant naturel est un obstacle presque insurmontable à l'impartialité de nos jugements. Il expose l'homme de bien à tomber dans les filets du méchant, et souvent aussi fournit des armes à la médisance contre l'innocence la plus pure, contre les plus hautes vertus.

La réflexion, des expériences cruelles, parviennent

quelquefois à guérir ce défaut, source de mille maux pour l'individu comme pour la société. Mais, comme il a sa racine dans l'entendement et dans le cœur de l'homme, veillons avec soin : il reparaît sans cesse.

Dans la plupart de ses raisonnements, l'homme procède par l'analogie. « Un fait a toujours eu lieu, « donc il aura lieu encore; ce phénomène suit com- « munément tel autre, donc il en sera de même « aujourd'hui. » Avons-nous un jugement à former, nous appelons aussitôt la comparaison à notre aide. Un seul exemple nous confirme dans notre manière de voir; et si l'expérience nous en fournit plusieurs, nous tenons, sans autres preuves, la chose pour démontrée. N'est-il pas naturel que, cherchant des comparaisons, nous les prenions parmi les objets qui nous sont mieux connus et plus familiers? Or, comme il est nécessaire, lorsqu'on veut former un jugement ou des conjectures sur la conduite d'autrui, de tenir compte des motifs qui influent sur les déterminations de la volonté, nous faisons un retour sur nous-mêmes, nous en appelons naturellement à nous-mêmes; et c'est ainsi qu'à notre insu nous prêtons aux autres nos manières de voir, d'apprécier les objets.

Cette explication, aussi simple qu'elle est vraie, nous donne la raison des difficultés que l'homme éprouve à se dépouiller de ses idées et de ses sentiments particuliers lorsqu'il juge les autres. Et cependant, quoi de plus indispensable? Celui qui ne connaît d'autres usages que ceux de son pays tient pour étrange tout ce qui s'en écarte; lorsque pour la première fois il quitte le sol natal, chaque objet nouveau est pour lui un sujet de trouble et de surprise. Il en est de même dans l'ordre moral. Nous ne vivons avec personne aussi intimement qu'avec nous-mêmes; l'homme le plus irréfléchi a forcément conscience de la direction habituelle que prennent son entendement et sa volonté. Une occasion se présente-t-elle d'apprécier un phénomène de ce genre, nous n'observons pas que le fait psychologique a lieu dans l'âme d'autrui, c'est-à-dire en terre étrangère; nous sommes naturellement portés à juger qu'il se passera là, à peu de différence près, ce que nous avons vu se passer sur notre territoire. Et puisque j'ai commencé la comparaison, j'ajouterai : De même que ceux qui ont beaucoup voyagé ne s'étonnent plus de la diversité des usages, et s'y conforment sans répugnance et sans hésitation; de même ceux qui ont étudié le cœur humain sont plus aptes à faire abstraction de leur manière de voir et de sentir, et se placent plus aisément au point de vue d'autrui. Voyageurs expérimentés, ils prennent à volonté l'air et les façons des naturels du pays qu'ils parcourent.

CHAPITRE VIII.

DE L'AUTORITÉ HUMAINE EN GÉNÉRAL.

§ I. — Deux conditions pour valider un témoignage.

Il ne nous est pas toujours possible de nous assurer par nous-mêmes de l'existence des choses, et partant nous sommes forcés d'avoir recours au témoignage d'autrui.

Pour valider ce témoignage, deux conditions sont nécessaires : 1° que le témoin n'ait pas été trompé ; 2° qu'il ne cherche pas à nous tromper. Il est évident que l'absence de l'une de ces conditions enlèverait au témoignage toute valeur.

Qu'importe, en effet, que celui qui parle connaisse la vérité si ses lèvres profèrent le mensonge? Qu'importent sa véracité et sa bonne foi s'il a lui-même été trompé?

§ II. — Examen et application de la première condition.

C'est en étudiant les moyens dont le témoin dispose pour arriver à la vérité, que nous connaîtrons s'il a pu ou non être trompé lui-même. Parmi ces moyens, je comprends la capacité du témoin et toutes les qualités personnelles qui le rendent plus ou moins digne de foi.

Un homme raconte un fait dont il ne peut dire : Je l'ai vu. Peut-être les lois d'une bonne éducation nous empêcheront-elles de lui demander de qui il le tient ; mais les lois d'une bonne logique nous prescrivent de tenir grand compte de cette circonstance, et de ne pas nous départir légèrement de nos scrupules à cet égard.

Je traverse un pays qui m'est inconnu, et j'entends dire : « L'année présente est une année d'abon« dance pour la contrée ; depuis longtemps on n'avait « obtenu d'aussi belles récoltes. » Que dois-je faire avant d'arrêter mon jugement? m'enquérir d'abord de la personne qui parle. C'est un vieillard, propriétaire fort riche dans les environs, et établi sur ses terres. Il est passionné pour la statistique et s'en occupe avec persévérance. Son intérêt, sa profession, ses goûts particuliers, une longue expérience lui fournissent tous les moyens de s'éclairer ; il sait ce qu'il affirme, je n'en puis douter.

— C'est le fils de ce vieillard ; il ne vient chez son père qu'en partie de plaisir, et, distrait par la vie des grandes villes, il s'occupe fort peu de ce qui se passe dans les champs. Celui-ci peut bien savoir ce qu'il avance pour l'avoir ouï dire ; mais, à part cette circonstance, son témoignage est peu sûr.

— C'est un voyageur qui parcourt de temps à autre ce pays pour des affaires qui n'ont aucun rapport avec l'agriculture. Son témoignage mérite peu de foi ; les moyens qu'il a eus d'apprendre ce qu'il donne comme certain sont sans valeur. Il parle à l'aventure.

§ III. — Examen et application de la seconde condition.

S'il est à propos de se prémunir contre l'erreur involontaire dans laquelle un témoin peut tomber, il n'importe pas moins de se mettre en garde contre son défaut de véracité. A cet effet, informez-vous de l'opinion qu'on a de lui sur ce point, et surtout examinez si quelque passion ou son intérêt ne le pousse pas à mentir.

Auriez-vous une entière confiance aux récits d'un homme de guerre, célébrant des faits d'armes en récompense desquels il espère un grade, un emploi, une décoration ? Il est aisé de comprendre l'usage que ferait, d'un semblable moyen, l'aventurier sans honneur et sans délicatesse. Tenez pour suspect un témoin fortement intéressé à faire admettre son témoignage. Croire à sa véracité, sur parole, serait, pour le moins, faire preuve d'une légèreté extrême.

Lorsque nous voulons calculer la probabilité d'un

événement qui ne nous est connu que par le témoignage d'autrui, il est d'abord indispensable de tenir compte simultanément des deux conditions dont nous venons de parler : connaissance et véracité de la part du témoin. Mais, outre le témoignage d'autrui, souvent nous possédons certaines données qui nous aident à apprécier ce qu'on nous raconte et dont nous devons faire usage pour diminuer les chances d'erreur. Nos meilleurs maîtres, dans ce cas, seront la réflexion et l'expérience.

§ IV. — Une observation.

Il est des circonstances dans lesquelles, bien que le témoin paraisse avoir un grand intérêt à mentir, il n'est point probable qu'il l'ose faire ; par exemple, lorsque le mensonge, promptement découvert et sans palliatif possible, retomberait sur lui avec ignominie.

Dans ce cas, cette objection : Le témoin est intéressé à tromper, ne doit point nous empêcher de croire. Si les circonstances sont telles que le mensonge ne puisse rester caché, qu'il doive apparaître presque aussitôt dans sa nudité, dans sa honte, sans que le menteur puisse donner pour excuse ou qu'on l'a trompé ou qu'il s'est trompé lui-même, ne pouvons-nous admettre le fait au moins sous bénéfice d'inventaire ? Nous serons trompés peut-être ; mais il y a probabilité pour l'opinion contraire, et à un degré supérieur.

§ V. — Il est difficile d'arriver à la vérité lorsqu'elle est placée loin de nous par le temps et par la distance.

S'il est si difficile de discerner le vrai du faux parmi les événements contemporains survenus dans notre pays, que sera-ce des événements accomplis depuis des siècles, accomplis en des pays lointains, ou de ceux qui sont à la fois éloignés de nous et par la distance et par le temps ! Comment vérifier la sincérité des récits d'un voyageur ou d'un historien ? En quel état nous livreront-ils la vérité ? On se sent découragé lorsqu'après avoir vu de quelle manière sont grossis, exagérés, atténués, défigurés, confondus ou travestis les faits qui se passent sous nos yeux, il faut chercher la vérité dans un livre d'histoire ou de voyages, dans un journal et surtout dans un journal étranger.

Celui qui vit dans le pays et dans le temps où s'accomplissent les événements qu'il étudie, possède encore certains moyens de se garder de l'erreur. Il voit les choses par lui-même, ou il entend et lit des relations différentes qu'il peut comparer ; comme il sait les antécédents des personnes et des choses, comme il est continuellement en rapport avec des hommes opposés d'opinions et d'intérêts, comme il suit les événements dans leur marche générale, il ne lui est pas impossible, à force de travail et de jugement, d'éclaircir certains faits et d'arriver au vrai sur quelques points. Mais qu'adviendra-t-il du lecteur qu'un hémisphère tout entier et plusieurs siècles peut-être séparent de la vérité qu'il cherche? qui n'a d'autre guide que le journal ou l'ouvrage tombé sous sa main dans une bibliothèque, dans un cabinet de lecture, ouvrage ou journal qu'il adopte de confiance par cela seul qu'ils lui ont été recommandés ou qu'on les a vantés devant lui?

Journaux, relations de voyages, histoires : trois moyens par lesquels on a coutume de chercher à s'instruire des événements accomplis en des temps et en des lieux éloignés. Je dirai quelques mots de chacun de ces moyens.

CHAPITRE IX.

LES JOURNAUX.

§ 1. — Une illusion.

On se persuade que dans les pays où fleurit la liberté de la presse, où les affaires générales se dis-

cutent au grand jour, où chacun peut librement émettre sa pensée, il est facile d'arriver à la vérité.
« Là, tous les intérêts, tous les systèmes se produi-
« sant simultanément, les contraires se corrigent l'un
« l'autre et se font contre-poids. La lumière jaillit
« du choc des opinions. Une opinion seule ne dirait
« qu'une partie de la vérité ; toutes les opinions
« pouvant élever la voix, la disent tout entière. »

Pure illusion ! Les journaux ne disent, ne peuvent dire toute la vérité, ni sur les personnes, ni sur les choses, même dans les pays les plus libres.

§ II. — Les journaux ne disent pas toute la vérité sur les personnes.

Exalter ou rabaisser sans mesure, prodiguer la louange ou le blâme, faire d'un personnage politique, selon l'intérêt ou la circonstance, — un génie rare, un héros, un sauveur — un homme sans talents, un homme incapable, un fléau ! tels sont, on ne l'ignore point, les errements de la presse et de l'esprit de parti.

Lorsque la carrière publique de l'homme que l'on attaque ou que l'on glorifie de la sorte n'a pas été marquée par des actes éclatants et faciles à caractériser, que croire ? où chercher la vérité ? Comment l'étranger surtout, forcé de choisir entre ces extrêmes, parviendra-t-il à former son opinion ?

4.

Chose étrange ! il n'est pas rare d'entendre certains cercles, et même un pays tout entier, professer à la fois sur le même personnage deux opinions différentes, l'opinion vraie et l'opinion de circonstance. Écoutez les adversaires de ce ministre : « Ses
« talents, vous disent-ils, personne ne les nie. Il est
« habile, ses intentions sont excellentes ; nous res-
« pectons, nous admirons en lui l'homme privé ;
« mais il n'appartient pas à notre parti. Il faut qu'il
« tombe ! »

Et les défenseurs de cet homme d'État, qui seul, s'il faut les croire, peut sauver la chose publique, écoutez-les à leur tour ! Ils l'ont vu de près et le connaissent à fond.

« Que ce soit un misérable, nous ne l'ignorons
« point ; on met sur son compte bon nombre d'af-
« faires honteuses ; mais il est l'homme qu'il nous
« faut. Qu'importe le reste ? Nos adversaires l'ac-
« cusent ; nous ne pouvons le laisser entre les cornes
« du taureau ; nous le défendrons. Voulez-vous sa-
« voir son histoire ? je vais vous la raconter. » Et bientôt, le fort et le faible, ses mauvaises actions, ses hontes, son ignominie, vous savez tout, rien n'est oublié. Il ne vous reste plus d'illusions, et vous pouvez désormais porter un jugement en connaissance de cause.

Ces jugements opposés ou contradictoires, les étrangers ne peuvent les connaître ; souvent même ils ne sauraient les comprendre ; donc la presse est pour eux un moyen défectueux d'arriver au vrai. Elle l'est également pour les nationaux eux-mêmes, qui forment d'après les journaux leurs jugements sur les hommes et les choses.

Les écrivains séparent presque toujours l'homme public de l'homme privé ; et il est bon qu'il en soit ainsi. Sans cette distinction, la polémique quotidienne, déjà aigre et violente à l'excès, serait bientôt devenue une arène impure où les passions les plus honteuses viendraient étaler leurs plaies ou se livrer bataille. Il n'en est pas moins vrai, toutefois, que la vie privée d'un homme est une présomption puissante sur ce que seront ses tendances dans la vie publique. Croyez-vous, par exemple, que celui qui, dans les transactions ordinaires, n'a pas respecté le bien d'autrui, sache, si les deniers publics lui sont confiés, conserver ses mains pures ? L'homme de mauvaise foi, sans convictions, sans moralité, sans religion, croyez-vous qu'il se montre toujours conséquent aux principes d'occasion qu'il professe, et que, sur la foi de ses paroles ou de ses serments, le pouvoir qui l'emploie puisse fermer les yeux et s'endormir ? L'épicurien par système qui, dans sa province, insultait sans pudeur à la morale publique, mauvais époux, mauvais père, croyez-vous qu'il ait déposé ses passions en revêtant l'hermine du magistrat ? et que l'innocence, que la fortune des gens de bien n'aient rien à craindre, l'audace et l'injustice des méchants rien à espérer de sa corruption, de son impudence? Et cependant les journaux ne disent rien, ne peuvent rien dire de ces choses, alors même qu'elles sont parfaitement connues de l'écrivain!

§ III. — Les journaux ne disent pas toute la vérité sur les choses.

Même sur les événements politiques, les journaux ne disent point et ne peuvent dire toute la vérité. Qui ne sait combien l'expression d'une opinion manifestée dans des conversations familières, diffère de celle qu'on livre à la discussion publique au moyen de la presse? Il est mille considérations particulières auxquelles un publiciste doit forcément se plier. Parmi ceux qui parlent au public, beaucoup disent le contraire de leur pensée, et les plus rigides en matière de véracité se trouvent obligés, plus d'une fois, sinon de dire ce qu'ils ne pensent point, au moins de taire la majeure ou plutôt la meilleure partie de ce qu'ils pensent. Il importe de ne pas oublier ces observations, si l'on veut voir un peu plus loin et mieux que le vulgaire. Il y a dans le monde politique comme une sorte de monnaie courante reconnue fausse, mais que l'on est convenu tacitement de recevoir. Les initiés ne se trompent point sur son véritable poids, sur sa valeur réelle.

CHAPITRE X.

RELATIONS DE VOYAGES.

§ I. — *Distinctions.*

Ce genre d'écrits contient deux sortes de faits qu'il faut soigneusement distinguer. La description des scènes ou des objets que le voyageur a vus, — les notions et observations de toute sorte qu'il fait entrer dans le corps de l'ouvrage et qui le complètent.

Appliquez aux premiers les règles que nous avons établies sur la véracité, en y joignant les deux observations suivantes; premièrement : Que la défiance sur la fidélité des tableaux doit grandir en proportion de l'éloignement du lieu de la scène; on sait le proverbe : A beau mentir qui vient de loin; secondement : Qu'il est à craindre que les voyageurs n'exagèrent les faits, ne les défigurent, ne les inventent même à plaisir, et ne nous donnent les idées les plus fausses sur les pays qu'ils décrivent, entraînés, à leur insu peut-être, par le désir ridicule de se rendre intéressants ou de se donner de l'importance en racontant des aventures merveilleuses.

Il serait difficile, sinon impossible d'établir des règles pour discerner la vérité de l'erreur parmi les faits et les observations de tout genre qui peuvent entrer dans une relation de voyage. Nous comblerons cette lacune par quelques observations qui serviront, je l'espère, à tenir le lecteur en garde contre une confiance excessive.

§ II. — **Origine et composition de certaines relations de voyages.**

On visite les lieux les plus célèbres; on s'arrête quelques jours sur des points signalés et connus, et l'on franchit tout le reste à tire-d'aile : économie de temps, d'argent et d'ennui. — Si le pays est cultivé, s'il est sillonné de routes en bon état, de canaux et de fleuves, si les côtes sont d'une navigation facile, le voyageur passe d'une capitale à l'autre avec la rapidité de la flèche, dormant au roulis du vaisseau, se penchant à la portière d'une voiture pour admirer un point de vue, ou contemplant, sur le pont et sous la tente d'un paquebot, les rives du fleuve dont le courant l'entraîne. Les espaces intermédiaires n'existent pas pour lui. Coutumes, lois, mœurs, religion, caractère physique et moral des hommes ou du pays, il n'a rien vu; que connaît-il? à peine a-t-il pu se former, en passant, une idée vague de l'aspect des terres, et saisir du regard quelques paysages fugitifs.

Et maintenant, en quelle estime devons-nous tenir ces notices pleines de détails sur des pays de plusieurs mille lieues carrées, visités comme nous venons de le dire?

Celui qui raconte a vu, donc il dit vrai. Ainsi raisonnez-vous, persuadés que pour recueillir cette multitude de faits, votre guide a bravé des dangers sans nombre, supporté d'immenses fatigues et consacré des années laborieuses au service de la science et de l'humanité. Vous supposez ce qui devrait être, mais que vous êtes loin de la réalité!

Arrivé dans la capitale du pays qu'il explore, pays dont il connaît très peu ou même dont il ignore complétement la langue, le voyageur aux merveilleux récits s'arrête. Il est au but, il a touché les colonnes d'Hercule. Des visites rapides aux palais, aux monuments, aux théâtres, aux musées, aux riches collections dont il trouve la liste dans le *Guide des voyageurs*, voilà son programme, et ses heures sont comptées. Il se hâte; une autre capitale, d'autres palais, d'autres musées, d'autres merveilles l'attendent. Enfin, surchargé d'expérience, de savoir et de poussière, il revoit après quelques mois d'absence le sol natal; il consacre l'hiver à mettre en ordre, à *compléter*, ses observations, ses études, ses impressions, ses recherches, ses confidences de voyageur, et aux premiers jours du printemps vous voyez sur la table du libraire s'épanouir, dans sa couverture neuve, un magnifique in-octavo.

Agriculture, arts, commerce, sciences, politique, croyances populaires, religion, mœurs, coutumes, traditions, caractères, tout y est; l'auteur a tout vu, tout observé. Avec son livre, vous avez la statistique universelle des pays qu'il a parcourus. Croyez-le sur parole; il vous évitera la peine de vous lever de votre fauteuil et de vous mettre à la fenêtre.

Mais, tant de détails! des connaissances si variées! comment a-t-il pu les recueillir? comment surtout a-t-il pu savoir ce qui se passait là où il n'est point allé? En si peu de temps, un argus n'aurait pu suffire à voir tant de choses? — Son secret, le voici.

De la voiture publique dans laquelle il voyage, on voit se dérouler un paysage qui attire son attention, et il entame avec son voisin le dialogue suivant :
« Monsieur connaît-il le pays que nous traversons?
« — Un peu. — Quel est le nom de ce bourg, là-bas
« sur la colline? — Si je ne me trompe, c'est le bourg
« de... — Et quelles sont les ressources principales de
« la contrée? — L'industrie. — Le caractère des habi-
« tants? — Flegmatique comme celui de nos chevaux
« et du postillon. — Riches? — Comme des juifs. »

La voiture s'arrête; l'homme aux réponses s'éloigne, peut-être sans prendre congé, et les renseignements qu'il a donnés, anonymes comme sa personne, figureront parmi les faits positifs dans les notes du voyageur.

En vérité, ne pourrait-on pas intituler de pareils livres contes du premier venu ou traductions et plagiats ?

Il n'entre point dans ma pensée de rabaisser en général le mérite qu'exige un travail sérieux d'exploration ; mais combien d'idées fausses, que d'absurdités vulgarisées, accréditées par de prétendues relations de voyages ! Que de fois des cités, des peuples tout entiers ont été bien ou mal traités, critiqués avec fureur ou vantés à outrance, selon l'humeur, le caractère, le caprice de peintres indiscrets et frivoles, qui osent donner la copie d'originaux qu'ils n'ont point vus !

§ III. — Manière d'étudier un pays.

Habiter longtemps les mêmes lieux, y former des relations nombreuses, connaître à fond la langue du pays, ne se lasser jamais d'observer et de s'enquérir, telles sont les conditions nécessaires pour se former une idée exacte d'une contrée sous le rapport moral et matériel. En dehors des connaissances acquises ainsi, je ne vois que banalités, généralités, incertitudes, erreurs. La plupart des descriptions qu'on trouve dans les livres ressemblent à des cartes géographiques sans échelle de proportion. Les noms y fourmillent, le papier est couvert de signes de toute espèce, chaînes de montagnes, fleuves, canaux, etc.; mais, prenez le compas pour mesurer les distances, et mettez-vous en voyage sans autre indication !

En résumé, voulez-vous acquérir des notions exactes sur un pays? étudiez-le comme nous venons de le dire, ou consultez les auteurs qui l'ont étudié de la sorte. Que si cela vous est impossible, sachez vous contenter de connaissances générales qui vous mettent en état de soutenir, avec modestie, une conversation ; mais, gardez-vous d'établir sur de semblables données un système philosophique, économique ou politique. Évitez surtout de faire parade de votre savoir, vous seriez un objet de risée.

CHAPITRE XI.

HISTOIRE.

§ I. — Importance des études historiques. Manière d'étudier l'histoire.

L'étude de l'histoire n'est pas seulement utile, elle est indispensable. Ne l'admettrait-on pas comme moyen d'arriver au vrai, son importance, comme ornement de l'esprit, resterait incontestée. Ajoutons qu'il est un grand nombre de faits contre lesquels on ne saurait s'élever sans se mettre en lutte avec le sens commun.

Attachez-vous d'abord aux faits qui présentent un caractère de certitude absolue. En ne confiant à la mémoire que des vérités incontestables, vous laisserez à votre esprit, dégagé d'entraves, la liberté de classer le reste selon le degré de probabilité, de certitude ou d'erreur qu'il y découvrira.

Que de grands empires aient fleuri en Orient; que les arts et la civilisation de la Grèce aient été portés à un très haut degré de perfection; qu'Alexandre ait fait de grandes conquêtes en Asie ; que les Romains aient soumis, presque en entier, le monde connu de leur temps; que Carthage ait été la rivale de Rome; que l'empire des maîtres du monde se soit, à son tour, écroulé sous le poids d'une invasion de barbares venus du Nord; que les Musulmans aient envahi l'Afrique septentrionale, détruit en Espagne le royaume des Goths, et menacé le reste de l'Europe; que la féodalité ait été la forme sociale du moyen âge, voilà des vérités que nul ne conteste et dont nous sommes aussi certains que de l'existence de Paris ou de Londres.

§ II. — Distinctions entre le fait et les circonstances du fait. Applications.

Il est des faits universellement admis; toutefois par les détails, par les circonstances dont les historiens les ont accompagnés, ces faits eux-mêmes relèvent de l'érudition, de la critique ou de la philosophie de l'histoire. Vaste champ ouvert à la discussion.

On ne peut mettre en doute l'existence des luttes sanglantes dans lesquelles Rome et Carthage se disputèrent l'empire de la Méditerranée, des côtes d'Afrique, de l'Espagne et de l'Italie, et dont le triomphe des Scipions, la défaite d'Annibal et la ruine de la ville de Didon furent le dénouement. Mais, les circonstances de ces luttes nous sont-elles bien connues? Dans le portrait qu'on nous a tracé de la foi punique, dans l'exposition des causes qui provoquèrent les ruptures entre les deux républiques rivales, dans le récit des batailles, des négociations, etc., est-il impossible que nous ayons été trompés? Les historiens romains qui nous ont transmis le plus grand nombre des faits n'ont-ils point flatté leur nation aux dépens de la nation ennemie? — Ici, sachons douter et choisir, admettre avec défiance ou même rejeter sans hésitation; et le plus souvent, suspendons notre jugement.

Auraient-ils une idée exacte des choses, connaîtraient-ils la vérité, les siècles à venir, si, par exemple, le récit des guerres modernes ne leur était transmis que par des historiens appartenant à une seule des nations belligérantes? Et cependant, ces historiens écrivent, pour ainsi dire, en présence les uns des autres ; ils peuvent se démentir, se corriger mutuellement, et, grâce aux moyens de communication et de diffusion dont on dispose, il est plus difficile aujourd'hui qu'autrefois de soutenir des erreurs évidentes. Que sera-ce donc de ces récits qui nous sont venus par une seule voie ; voie très suspecte puisqu'elle était intéressée ; récits de faits qui se sont passés en des temps si reculés, où les communications étaient si rares, où les moyens de publicité dont jouissent les modernes étaient inconnus ?

Et ces légendes merveilleuses où les historiens grecs nous montrent une poignée de Spartiates ou d'Athéniens moissonnant des milliers de Perses; où ils proposent à notre admiration l'héroïsme désintéressé, les dévouements sublimes de leurs guerriers, devons-nous les adopter sans contrôle ? Nous avons vu, de nos jours, comment on dénature, comment on exagère les faits les plus simples. L'homme sensé fera la part de l'enthousiasme et du patriotisme de l'écrivain : attendons, dira-t-il, avant de prononcer, que les Perses se soient levés, des plaines de Marathon ou des Thermopyles, pour raconter à leur point de vue les circonstances du combat.

Cette règle de prudence est d'une application fréquente ; ne la perdons pas de vue en étudiant l'histoire et nous éviterons de nombreuses erreurs. Elle nous enseignera du moins à ne pas nous égarer en d'inutiles détails.

§ III. — *Quelques règles pour servir à l'étude de l'histoire.*

L'histoire étant un sujet qu'on ne peut passer sous silence lorsqu'on traite de l'art d'arriver au vrai, je donnerai quelques conseils simples et brefs, — mais sans prétendre traiter à fond la matière : elle demanderait seule un long volume.

RÈGLE PREMIÈRE.

Selon ce que nous avons établi plus haut, au chapitre VIII, il faut tenir grand compte des moyens de connaître la vérité, dont l'écrivain disposait, et des probabilités pour ou contre sa véracité.

RÈGLE DEUXIÈME.

Toutes choses égales, on devra préférer un témoin oculaire.

Il y a toujours un certain péril pour la vérité dans les intermédiaires. Les récits successivement transmis sont comme ces courants dont les eaux emportent quelque chose du canal qu'elles parcourent ; dans les canaux de l'histoire, la passion et l'erreur abondent.

RÈGLE TROISIÈME.

Parmi les témoins oculaires, choisissez, si d'ailleurs il y a égalité pour le reste, celui qui n'a point eu de part à l'événement, qui n'y a rien perdu.

Lorsque César raconte ses campagnes, son témoignage est une autorité. Il est évident, toutefois, que le général romain ne peut refuser le courage aux peuples qu'il a vaincus ; qu'il ne peut les représenter comme inférieurs en nombre aux armées qu'il commandait sans diminuer la difficulté de ses entreprises, et, partant, sa gloire. Les prodiges d'Annibal, racontés par ses ennemis, ont une autre valeur historique.

RÈGLE QUATRIÈME.

Préférez un historien contemporain ; mais contrôlez son témoignage par celui d'un écrivain de la même époque, défendant des opinions et des intérêts différents, et ayez soin de séparer, dans leurs écrits, le fait des causes qu'ils lui assignent, des résultats qu'ils lui attribuent, et des jugements qui leur sont personnels.

Presque toujours il y a dans les événements un fait dominant qui ressort avec trop d'évidence pour que la partialité de l'écrivain ose le nier. En pareil cas, l'historien exagère ou atténue ; il prodigue les couleurs défavorables ou flatteuses ; il cherche des explications, invente des causes, signale des conséquences, etc. ; mais le fait persiste, et les efforts de la mauvaise foi doivent avertir un lecteur judicieux de ne s'arrêter qu'au fait, de ne voir que le fait, de le voir tel qu'il est.

RÈGLE CINQUIÈME.

Les écrits anonymes méritent peu de confiance.

L'auteur a peut-être caché son nom par modestie ; mais le public qui l'ignore n'est pas tenu de croire à la véracité d'un écrivain qui, pour dire la vérité, met un voile sur son visage. La crainte du déshonneur qui suit le mensonge est un frein puissant. Ce frein ne suffit pas toujours. Que serait-ce s'il n'existait point !

RÈGLE SIXIÈME.

Avant de lire une histoire, étudiez la vie de l'historien.

J'ose affirmer que cette règle est de la plus haute importance. Elle est comprise, il est vrai, dans ce que nous avons dit au chapitre VIII; mais il ne sera pas inutile de l'établir ici séparément, en la faisant suivre de quelques observations.

Comment apprécier la véracité d'un historien ou les moyens dont il disposa pour arriver au vrai, si l'on ne connaît sa vie ? Voulez-vous avoir la clef de ses déclamations ou de ses réticences ? Voulez-vous savoir pourquoi, sur telles scènes, il passe un pinceau si léger, tandis qu'il charge certains tableaux des plus noires couleurs ? cherchez dans ses vertus ou dans ses vices, dans sa position particulière, dans l'esprit de son temps, dans les formes politiques de sa patrie; le plus souvent tout est là.

On n'écrivait pas l'histoire durant les orages de la Ligue comme on l'écrivit sous le règne régulier et glorieux de Louis XIV. Descendons à des temps plus rapprochés de nous, à la révolution française, à l'empire, à la restauration, ou même à la dynastie d'Orléans; nous trouverons qu'en chacune de ces époques l'histoire a pris le caractère et pour ainsi dire la couleur des circonstances. Autre temps, autre langage. Vous connaissez et l'époque et le pays où tel livre a vu le jour, vous connaissez donc aussi les influences qui pesèrent sur l'auteur. Préparez-vous à retrancher ici, à suppléer plus loin; cette connaissance vous donne le sens de tel mot obscur, de telle omission, de telle circonlocution, elle vous révèle la valeur d'une protestation, d'une restriction, d'un éloge, le but d'une censure ou d'un aveu, choses qui, sans cela, fussent restées inintelligibles pour vous.

Peu d'hommes s'affranchissent complétement de la domination des circonstances; il en est peu qui sachent braver un grand péril pour la défense de la vérité, il en est peu qui, dans les situations critiques, ne cherchent une transaction entre leur intérêt et leur conscience. Rester fidèle à la vertu dans les moments de crise, c'est de l'héroïsme, et l'héroïsme est rare.

Ajoutons que faire la part du temps n'est pas toujours un acte coupable, si d'ailleurs l'écrivain ne blesse pas les droits imprescriptibles de la justice et de la vérité. Il est des cas où le silence est prudent et même obligatoire; dans ces cas, on doit pardonner à l'écrivain de n'avoir point dit toute sa pensée, pourvu qu'il n'ait rien dit contre sa pensée. Quelles que fussent les convictions de Bellarmin sur la puissance indirecte des papes, auriez-vous exigé de lui qu'il les exposât à Paris, en pleine Sorbonne, avec la même liberté qu'il l'eût fait à Rome? C'eût été lui dire: « Écrivez; et dès que le parlement aura connaissance « de votre livre, il le fera saisir; les exemplaires se- « ront brûlés par la main du bourreau, et vous serez « banni de France ou jeté dans une prison. »

RÈGLE SEPTIÈME.

Les œuvres posthumes éditées par des inconnus ou ayant passé par des mains peu sûres deviennent apocryphes, et doivent être reçues avec défiance.

L'autorité d'un mort illustre est de peu de poids en pareille circonstance; ce n'est pas lui, c'est l'éditeur qui parle, avec la certitude que la partie intéressée ne peut le démentir.

RÈGLE HUITIÈME.

Les histoires appuyées sur des mémoires inconnus et des titres inédits; les manuscrits dans lesquels l'éditeur affirme n'avoir fait que mettre de l'ordre, corriger le style et éclaircir certains passages, ne méritent d'autre confiance que celle qu'inspire l'éditeur.

RÈGLE NEUVIÈME.

Les récits de négociations secrètes, de secrets d'État ; les anecdotes piquantes sur la vie privée des personnages célèbres, sur de ténébreuses intrigues et autres faits du même genre, ne doivent être admis qu'après un examen sévère. S'il nous est si difficile de découvrir la vérité à la lumière du soleil, et pour ainsi dire à la surface du sol, qu'espérer lorsqu'il faut la chercher au milieu des ombres et dans les entrailles de la terre ?

RÈGLE DIXIÈME.

Ajoutons peu de foi à ce qu'on nous raconte sur certains pays ou certains peuples très anciens et très éloignés de nous, sur les trésors du prince, sur le nombre des habitants, sur leurs croyances religieuses ou leurs usages domestiques.

Comment, en effet, vérifier l'exactitude de ces relations ? la distance, le temps, l'ignorance de la langue, etc., tout s'y oppose. Comment arriver à la vérité en des choses souvent cachées, inconnues même aux indigènes ? Pour décrire les usages domestiques, a-t-on pénétré dans l'intérieur de la famille ? l'a-t-on surprise dans la liberté, dans les confidences intimes du foyer?

CHAPITRE XII.

CONSIDÉRATIONS GÉNÉRALES SUR LES MOYENS DE CONNAITRE LA NATURE DES ÊTRES, LEURS PROPRIÉTÉS ET LEURS RELATIONS.

§ I. — Une classification des sciences.

Les règles au moyen desquelles on parvient à connaître l'existence d'un objet nous étant connues, il reste à formuler celles qui nous doivent guider dans nos recherches sur la nature, les propriétés et les relations des êtres.

Nous nommerons êtres ou faits *naturels*, toute chose appartenant à l'ordre naturel, c'est-à-dire, sans exception, tous les êtres et tous les faits soumis aux lois nécessaires de la création. Nous nommerons *moraux* les faits appartenant à l'ordre moral; *historiques* ou *sociaux*, ceux qui appartiennent à l'ordre social; et *religieux*, ceux qui relèvent d'une providence supérieure et extraordinaire.

Je n'insisterai pas sur l'exactitude de cette division, confessant même qu'on pourrait à la rigueur la contester ; mais elle est établie sur la nature même des choses et en harmonie, on ne saurait le nier, avec les points de vue habituels de l'esprit humain. Pour faire ressortir d'une manière invincible les raisons qui l'appuient, je vais donner, en peu de mots, la filiation des idées.

Dieu a créé l'univers, et tout ce que l'univers contient, en le soumettant à des lois constantes et nécessaires. De là l'ordre naturel : l'étude de cet ordre pourrait se nommer philosophie de la nature.

Dieu a créé l'homme raisonnable et libre, mais tenu à certains devoirs qui, sans le contraindre, l'obligent. De là l'ordre moral, objet de la philosophie morale.

L'homme en société donne naissance à une série de faits et de rapports ; de là l'ordre social ; l'étude de cet ordre de faits pourrait se nommer philosophie sociale ou, si l'on veut, philosophie de l'histoire.

Dieu n'est point lié par les lois auxquelles il a soumis l'ouvrage de ses mains, par conséquent il peut agir sur ces lois, et même contrairement à ces lois ; c'est pourquoi nous admettons l'existence d'un ordre de faits et de révélations supérieur à l'ordre naturel et social. De là l'étude de la religion ou philosophie religieuse.

L'existence d'un objet étant démontrée, il appartient à la philosophie de l'étudier à fond, de l'apprécier, de le juger. *Philosophe*, dans son acception commune, signifie homme versé dans l'étude des lois qui régissent les êtres, dans l'étude de leurs propriétés et de leurs rapports.

§ II. — **Prudence scientifique; moyens de l'acquérir.**

Le véritable esprit philosophique est inséparable de l'esprit de prudence ; prudence raisonnée, très semblable à celle qui doit présider à nos rapports avec les hommes et les choses dans la conduite de la vie. Fruit amer du désenchantement et de l'expérience. Voici quelques observations qui pourront nous aider à l'acquérir.

OBSERVATION PREMIÈRE.

La nature intime des choses nous est presque toujours entièrement inconnue. Nous savons peu et mal.

N'oublions jamais cette vérité. Nous apprendrons d'elle la nécessité d'un travail énergique et soutenu dans nos recherches sur la nature des êtres. Elle nous rendra modestes et circonspects ; elle nous préservera de cette curiosité irréfléchie qui pousse l'homme à sonder des secrets scellés pour lui d'un sceau inviolable.

Vérité peu flatteuse pour notre orgueil, mais vérité incontestée ; vérité parfaitement évidente pour quiconque a médité sur la science humaine. Nous avons

NATURE, PROPRIÉTÉS ET RELATIONS DES ÊTRES. 87

reçu du Créateur une intelligence en harmonie avec nos besoins physiques et moraux, puisque cette intelligence est en état de connaître, pour la satisfaction de ces besoins, l'usage que nous pouvons faire des êtres placés à notre portée. Le reste, il plaît à la sagesse infinie de nous le cacher : elle s'est réservé de lever elle-même, plus tard, le voile qui recouvre et cache à nos yeux le spectacle ineffable de la création. Pourquoi nous en plaindre? Si l'ignorance est l'épreuve de la vie, l'espérance est la consolation de la mort.

Les propriétés de la lumière nous sont en partie connues; nous en faisons des applications nombreuses. Mais l'essence de la lumière, qu'est-elle? Nous savons diriger, hâter même la végétation; mais que savons-nous de la nature et des secrets de ce merveilleux phénomène?

Nous faisons usage de nos sens, nous les préservons, nous leur venons en aide; mais les mystères de la sensation nous restent inconnus. Nous connaissons, en général, les substances nuisibles ou salutaires à notre corps; mais pourquoi, mais comment ces substances lui nuisent ou lui sont utiles, nous l'ignorons. Que dire encore? Nous calculons le temps en mille façons, et la métaphysique n'a pu définir le temps. Il existe une science qu'on nomme la géométrie; elle est parvenue à un haut degré de perfection; et l'idée fondamentale de cette science, l'étendue, ne se peut comprendre. Nous vivons dans l'espace; l'univers entier se meut dans l'espace; nous le mesurons; nous le soumettons à de rigoureux calculs; et ni la métaphysique, ni l'idéologie n'ont su nous dire en quoi il consiste; s'il est une chose distincte des corps, s'il est seulement une idée, s'il a une nature propre. Nous ne savons s'il est un être ou s'il n'est rien. Nous pensons, et nous ne savons pas ce qu'est la pensée; les idées fermentent dans notre intelligence, et nous ne savons ce qu'est une idée. Le spectacle de l'univers, dans toute sa variété, dans toute sa splendeur, passe et se représente dans notre cerveau comme sur un magnifique théâtre. Une force incompréhensible y crée, selon notre caprice, des mondes fantastiques, tantôt sublimes et pleins de beautés, tantôt remplis d'extravagance, et nous ne savons ni ce qu'est l'imagination, ni ce que sont ces prodigieuses scènes, ni comment elles apparaissent ou s'évanouissent.

Il est une multitude d'affections dont nous avons conscience d'une manière intime, profonde, invincible, nous les nommons sentiments. Qu'est-ce que le sentiment? pouvons-nous le dire? Celui qui aime sent l'amour; il ne sait point ce qu'est l'amour. Le philosophe qui veut analyser cette affection parvient à signaler son origine; il indique ses tendances et sa fin; il donne des règles pour la diriger, mais, sur la nature intime de l'amour, il est dans la même ignorance que le vulgaire. Nos sentiments sont comme ces fluides circulant en des canaux impénétrables aux regards. On aperçoit quelques effets extérieurs ; on sait, dans certains cas, où ils vont, d'où ils viennent ; on peut même accélérer, ralentir leur course, en changer la direction ; mais l'œil ne peut sonder le mystère de leur mouvement ; l'agent reste inconnu.

Notre propre corps, tous les corps qui nous entourent, savons-nous ce qu'ils sont ? Est-il un philosophe qui puisse nous expliquer la nature d'un corps ? Et toutefois, nous vivons au milieu de substances corporelles ; nous en usons à chaque instant. Nous connaissons beaucoup de leurs propriétés, nous définissons les lois que les régissent; un corps fait partie de notre propre nature.

Ne perdons point de vue ces considérations lorsque nous aurons à étudier les principes constitutifs d'un être, son essence. Attentifs et pleins d'ardeur dans nos recherches, soyons sobres et rigoureux dans nos définitions. Si nous ne portons point cette qualité jusqu'au scrupule, il nous arrivera souvent de mettre à la place de la réalité les créations vaines de nos rêves.

OBSERVATION DEUXIÈME.

En mathématiques, il est deux manières de résoudre un problème : la démonstration directe, et la preuve par l'impossible. Il en est de même dans toute espèce de questions. Pour le grand nombre, prouver que nous sommes dans l'impossibilité de les résoudre serait la meilleure des solutions. Et qu'on ne croie point que cette manière de raisonner soit dépourvue de mérite ou qu'il soit toujours facile de discerner le possible de ce qui ne l'est point. Un esprit capable de ce discernement témoigne qu'il connaît à fond la matière et qu'il en a sondé sérieusement les difficultés.

La connaissance de l'impossibilité où nous sommes de résoudre certaines difficultés est plus souvent historique et d'expérience que scientifique. Lorsqu'un homme compétent avance qu'une solution est impossible ou qu'elle touche à l'impossible, il n'est pas toujours en état de le démontrer; mais l'inutilité des efforts qu'il a tentés lui-même, l'histoire des efforts tentés avant lui, par des hommes spéciaux, lui ont prouvé, sur cette question, l'impuissance de l'esprit humain. Quelquefois l'impossibilité ressort de la nature même du problème; mais, pour l'affirmer avec certitude, il faut embrasser du même coup d'œil la connaissance de cette impossibilité et de ce qu'il faudrait pour la faire disparaître.

OBSERVATION TROISIÈME.

Comme les êtres diffèrent beaucoup dans leur nature, dans leurs propriétés et leurs relations, nos manières de voir à leur sujet, nos appréciations doivent également varier beaucoup.

On a dit : Certaines connaissances donnent la clef de toutes les autres. Quiconque raisonne bien sur une chose, doit bien raisonner sur toutes choses ; il suffit de vouloir. De là cette erreur insigne, que les mathématiques sont la meilleure logique, parce qu'elles enseignent à raisonner avec rigueur et précision.

Pour faire évanouir cette prétention illusoire, observez que les objets qui relèvent de notre intelligence appartiennent à des ordres de faits très divers ; que nos moyens d'atteindre ces objets n'ont rien de commun entre eux ; que leurs rapports avec nous varient à l'infini, et qu'enfin l'expérience nous montre souvent dans les arts comme dans les sciences des talents spéciaux, jamais de talents universels.

Il est des vérités mathématiques, des vérités physiques, idéologiques, métaphysiques; il est des vérités morales, religieuses, politiques, historiques, littéraires ; des vérités de raison pure et d'autres qui sont un mélange de sentiment et d'imagination. Il est des vérités spéculatives, il en est de pratiques; il en est qu'on ne parvient à connaître qu'à l'aide du raisonnement, d'autres qui s'acquièrent par intuition ; d'autres enfin, que l'expérience seule nous enseigne. On pourrait les diviser en tant de classes qu'il deviendrait impossible de les compter.

§ III. — Les grands hommes. Évocation.

Évoquons, à l'aide de cette puissance plus forte que le temps et la mort même, à l'aide de l'imagination, ces hommes illustres qui furent l'ornement de leur siècle et dont l'humanité conserve les noms avec orgueil. Commandons à la tombe de nous les rendre tels qu'elle les a reçus, avec leur génie, leurs passions, leurs facultés diverses, et dans un palais digne de tels hôtes, dans un nouvel Élysée où tous les arts, tous les produits de l'esprit humain auront été réunis, où chacun retrouvera ce qui fut sa passion et sa gloire; suivons par la pensée ces êtres privilégiés. Le secret de leurs goûts nous dira celui de leur génie.

Quelle imposante assemblée ! Gonzalve de Cordoue, Cisnéros, Richelieu, Christophe Colomb, Fernand Cortez, Napoléon, Torquato Tasso, Milton, Corneille, Racine, Boileau, Lope de Vega, Caldéron, Molière, Bossuet, Massillon, Bourdaloue, Descartes, Malebranche, Érasme, Louis Vivès, Mabillon, Viète, Fermat, Bacon, Kepler, Galilée, Pascal, Newton, Leibnitz, Michel-Ange, Raphael, Linnée, Buffon, et cent autres encore, tous à des titres divers, ayant pris rang parmi les rois de l'intelligence.

Gonzalve se plaît au récit des compagnes de Scipion en Espagne. Napoléon médite sur le passage des Alpes par Annibal. Il s'indigne de l'hésitation de César près de franchir le Rubicon ; mais quand il voit le futur dictateur marcher sur Rome, vaincre à Pharsale, subjuguer l'Afrique, s'emparer du pouvoir suprême, et, de la pointe de son épée, tracer ces mots célèbres : « Je suis venu, j'ai vu, j'ai vaincu, » son œil étincelle.

Torquato Tasso, Milton, s'inspirent de la Bible, d'Homère et de Virgile ; Corneille et Racine cherchent des modèles dans Euripide et Sophocle ; Molière, dans Aristophane, dans Lope de Vega, dans Caldéron ; Bossuet, Massillon, Bourdaloue étudient avec amour saint Chrysostôme, saint Augustin, saint Bernard : et cependant, Érasme, Louis Vivès, Mabillon, ensevelis dans la poudre des manuscrits, fouillent avec ardeur les archives.

A chacun son héros, son enthousiasme, son étude passionnée. Celui-ci, le télescope en main, surprend le secret de Dieu dans la création de l'univers ; celui-là, courbé sur son microscope, découvre un monde vivant dans un grain de poussière. Mécaniciens, artistes, naturalistes ; Linnée au milieu de ses fleurs, Raphaël dans les galeries de tableaux, Watt parmi les machines, tous ont choisi leur place dans le milieu qui leur convient, et déploient à la poursuite de leur idéal les facultés les plus hautes.

Mais, déplacez ces grandes intelligences, mettez en contact les génies opposés, les aptitudes diverses, les esprits tranchés, le poëte avec le mécanicien, le philosophe avec le poëte, l'homme de guerre avec le philosophe, le peintre avec le géomètre, le rêveur avec l'homme positif, l'homme de mouvement et d'action avec l'homme de méditation et de pensée ; la scène change. Le génie devient médiocrité, et qui sait ! — la sagesse elle-même, folie.

Boileau lit l'épître aux Pisons ou les satires d'Horace ; et, bien qu'il les ait relues mille fois, il ne laisse point d'y découvrir des beautés nouvelles. Son enthousiasme éclate en transports.

Près de lui, Descartes médite sur les couleurs ; il vient de prouver d'une manière invincible qu'elles ne sont qu'une sensation. Sa découverte le comble de joie. Rapprochez maintenant ces deux grands esprits ; supposez qu'ils se communiquent leurs pensées : le philosophe tiendra pour un homme léger et frivole celui qui se laisse émouvoir ainsi par un mot, par une image. Eh ! voyez-vous le poëte, souriant avec dédain, préparer un vers mordant contre le rêveur, dont les doctrines heurtent, selon lui, le sens commun, et tendent à désenchanter la nature ?

Voici Mabillon aux prises avec un vieux parchemin ; mille fois, aidant sa vue d'un verre grossissant, il a recommencé ses recherches. Il voudrait rétablir une ligne effacée, dans laquelle il espère retrouver un mot, un texte perdus. Son travail l'absorbe tout entier ; il oublie le reste du monde, lorsque survient un naturaliste qui, dressant son microscope, se prend à chercher, avec non moins d'ardeur et de passion, sur le parchemin qu'il dispute à l'érudit, les œufs d'un insecte rongeur.

Le Tasse et Milton, déclamant leurs strophes sublimes, foulent aux pieds, sans même se douter qu'ils détruisent en un instant l'œuvre patiente de plusieurs jours, des plantes microscopiques dont Linnée faisait l'analyse. Que dirai-je ? La guerre éclate parmi ces demi-dieux ! — Hâtez-vous de les rendre à leur tombe, ou craignez qu'ils ne compromettent leur gloire ?

Ce que l'un rejette avec dédain, l'autre le recherche et l'admire ; ce que l'un voit avec clarté, l'autre ne sait pas même l'apercevoir. Génie sublime pour le premier, rêveur absurde pour le second ; inestimables trésors pour celui-ci, misérables bagatelles pour celui-là. Eh pourquoi ! d'où vient que ces esprits d'élite sont entre eux dans un tel désaccord ? Comment se fait-il que les vérités ne se présentent point à tous les yeux de la même manière ? C'est que, si la vérité est une en Dieu, elle est multiple dans la création ; c'est que la règle et le compas sont inutiles pour apprécier les choses du cœur ; c'est que le sentiment n'a rien à voir dans les calculs et la géométrie ; c'est que les asbtractions métaphysiques n'ont aucun rapport avec la science sociale; c'est que la vérité appartient à des ordres de faits aussi divers que la nature elle-même; c'est que la vérité est la réalité des choses.

La prétention de penser et de raisonner sur tous les sujets, de la même manière, est une source abondante d'erreurs; on applique les facultés à contre-temps, on les rend inutiles en soumettant à l'une ce qui relève uniquement de l'autre. Il n'est point jusqu'à ces hommes privilégiés que le Créateur a doués d'une compréhension universelle qui ne rendent ce don stérile, s'ils ne savent pas, lorsqu'ils s'appliquent à quelque sujet particulier, se dépouiller pour ainsi dire d'une partie d'eux-mêmes, et ne laisser agir que les facultés dont ils ont besoin pour ce qu'ils étudient.

CHAPITRE XIII.

LA PERCEPTION.

§ 1. — L'idée.

Perception claire, exacte, vive; jugement droit, raisonnement rigoureux et solide : ces trois qualités distinguent le penseur. Je vais les examiner l'une après l'autre en émettant sur chacune d'elles quelques observations.

Je ne définirai point l'idée ou la perception. Qu'il me suffise de dire simplement et sans prétendre à la précision rigoureuse du langage philosophique, que la perception est cet acte intérieur par lequel nous concevons une chose; et que l'idée est l'image, la représentation qui sert d'aliment à la perception. Ainsi, nous percevons le cercle, l'ellipse, nous percevons la résultante d'un système de forces, la raison inverse de ces forces dans les bras d'un levier, la gravitation des corps, la loi d'accélération de leur chute, l'équilibre des fluides; la contradiction entre être et n'être pas en même temps, la différence entre l'essence et l'accident; nous percevons les principes de la morale; nous percevons notre existence et celle du monde extérieur; nous percevons des beautés ou des défauts dans un tableau, dans un poëme; la simplicité, la complication d'une affaire; nous percevons l'impression favorable ou fâcheuse que font, sur nos semblables, une parole, un geste, un événement; enfin, nous percevons tout ce que notre esprit conçoit; et, ce miroir intérieur dans lequel les objets semblent se peindre pour s'offrir aux regards de l'esprit, cette chose, qui tantôt remplit l'entendement de sa présence, et tantôt se cache ou s'endort, attendant pour reparaître, qu'une occasion l'éveille ou que nous l'appelions nous-mêmes, ce je ne sais quoi, cette inconnue dont nous ne pouvons, quoi qu'il en soit, mettre en doute l'existence, nous l'appelons *Idée*.

Les opinions des idéologues sur l'origine des idées sont ici de peu d'importance. Qu'est-il besoin de savoir, pour bien penser, si l'idée est ou n'est point distincte de la perception? si elle est ou n'est point une sensation transformée? de savoir d'où elle vient enfin, si elle est acquise ou innée? La solution de ces questions sur lesquelles on a toujours disputé, sur lesquelles on disputera toujours, exigerait des observations psychologiques auxquelles on ne peut se livrer qu'en abandonnant tout autre travail, sous peine d'entraver ou de fourvoyer son intelligence. Celui qui pense ne peut être continuellement à penser qu'il pense et comment il pense. Notre entendement ne remplirait plus sa mission. Il ne s'occuperait que de lui-même.

§ II. — Bien penser. Règles.

Les perceptions de notre esprit seront vives et claires si, avec l'habitude d'être attentifs, nous avons acquis assez de discernement pour déployer en chaque circonstance les facultés adaptées à l'objet de notre étude, et si nous savons ne déployer que ces facultés,

Il s'agit, par exemple, d'une définition mathématique ; point de vague, point d'abstractions, point de sentiment ; rien de fantastique, rien des choses du monde avec leurs nuances et leur variété. L'imagination doit se taire ou, tout au plus, faire l'office de ces tableaux sur lesquels on trace des figures à l'aide du fusain. Je vais éclaircir la règle en étudiant l'une des définitions élémentaires de la géométrie.

« La circonférence est une ligne courbe, fer-
« mée, dont tous les points sont également dis-
« tants d'un point commun que l'on appelle centre. »
Sur-le-champ on voit qu'il ne s'agit point ici de la circonférence entendue dans un sens métaphorique, ou vague, ou indéterminé, mais d'une définition rigoureuse ; qu'en outre, cette définition doit être considérée comme l'expression d'un idéal dont la réalité se rapprochera plus ou moins.

Toutefois, comme les figures géométriques relèvent de la vue et de l'imagination, je m'aiderai de l'une de ces facultés et peut-être de toutes les deux à la fois pour me représenter ce que je veux concevoir. Je trace donc une circonférence sur un tableau ou dans mon imagination, et je vois ou j'imagine cette figure. Mais voir une chose, ce n'est pas en comprendre la nature. L'homme le moins intelligent voit, imagine une circonférence aussi parfaitement que le plus habile mathématicien, et ne sait pas rendre compte de ce qu'il voit. S'il suffisait de voir, l'animal lui-même aurait des idées géométriques aussi parfaites que celles de Newton et de Lagrange.

Que faut-il encore pour qu'il y ait perception intellectuelle? connaître les conditions indispensables à l'existence de la chose. C'est ce qu'explique la définition. Notre perception n'est exacte et complète que lorsque nous concevons chacune de ces conditions; leur ensemble forme, dans notre entendement, l'idée vraie, l'idée que nous devons avoir de l'objet défini.

Interrogez, sur la définition que nous avons donnée du cercle, un esprits inattentif, superficiel, et vous comprendrez, à ses réponses, qu'il ne sait point se rendre raison de l'ensemble des conditions nécessaires à l'existence de cette figure. Voir et concevoir sont loin d'être une même chose.

Mais qu'un géomètre l'analyse à son tour, quelle différence !

— Dans la définition de la circonférence peut-on omettre le mot *ligne?*

— Oui, parce qu'on est averti qu'il ne s'agit ici que de cette partie de la géométrie qui traite des lignes; mais, rigoureusement, non; le mot courbe employé seul pouvant s'appliquer aux surfaces.

— En exprimant le mot *ligne*, est-il nécessaire d'exprimer aussi le qualificatif *courbe?*

— Je ne le crois pas, car en ajoutant le mot rentrante, nous la distinguons de la ligne droite qui, d'ailleurs, ne saurait avoir tous ses points également distants d'un point commun.

— Et le mot *fermée*, ne pourrait-on pas le passer sous silence?

— Non, parce que si la courbe ne rentre pas sur elle-même, si elle n'est point fermée, elle n'est pas une circonférence, etc., etc.

Voilà une perception nette, exacte, complète; l'esprit a saisi la réalité, il la possède.

Passons à l'analyse d'une idée littéraire, et cherchons à déterminer le plus ou moins de perfection qu'elle peut avoir. Ici, encore, il y a perception d'une vérité; l'attention, c'est-à-dire l'application de l'esprit à l'objet de son étude est donc nécessaire. Avons-nous besoin d'insister sur l'observation suivante : Que les mêmes facultés sont loin d'être également utiles dans toutes sortes de travaux intellectuels, et que, par exemple, l'esprit de classification, de division, faculté précieuse dans un géomètre, devient un défaut chez un littérateur?

Deux hommes éminents, mais à des titres divers, lisent ensemble un chef-d'œuvre oratoire ou poétique; l'un d'eux ne peut maîtriser son enthousiasme : « Quelles images sublimes! s'écrie-t-il, quel feu! quelle délicatesse de sentiments! quelle profondeur! quel inimitable mélange de concision, d'abondance, de régularité, de vigueur! » Et ses yeux versent des larmes d'admiration.

« Comme tout est conforme aux règles, répond son compagnon ; c'est là ce qu'il faut admirer ! »

L'un perçoit les beautés contenues dans l'œuvre qu'il vient de lire ; cependant il raisonne peu, il analyse à peine, il ne prononce que des mots entrecoupés. L'autre ne les perçoit pas ; il raisonne et disserte; il fait de la rhétorique à contre-temps. Le premier voit toute la vérité, que le second n'aperçoit qu'en partie. Et pourquoi ? Parce que la vérité, ici, est un ensemble de relations entre l'entendement, l'imagination et le cœur; parce que ces facultés veulent être mises en jeu toutes à la fois, naturellement, sans efforts, sans violence, sans être distraites ou tiraillées par le souvenir de telle ou telle règle. Il fallait laisser là le raisonnement, l'analyse, la critique, et ne s'en souvenir qu'après avoir senti.

S'embarrasser dans les définitions, appeler à son aide les préceptes avant de s'être pénétré de l'œuvre que l'on juge, avant de l'avoir perçue, c'est pour ainsi dire emmailloter l'âme, c'est, lorsqu'elle aurait besoin de dilater, de développer toutes ses facultés, la forcer à n'en employer qu'une; c'est enfin, au moment de l'essor, la priver de ses ailes.

§ III. — Dangers de l'analyse.

Même dans les sujets où le sentiment et l'imagination ne jouent aucun rôle, gardez-vous de comprimer l'intelligence en l'astreignant à suivre une méthode déterminée, lorsque par son caractère particulier elle a besoin d'indépendance et de liberté. On ne peut nier que l'analyse ne serve, en beaucoup de cas, à donner aux idées de la précision et de la clarté. Mais, ne l'oublions point, la plupart des êtres sont *composés*. Percevoir un objet, c'est en embrasser d'un même coup d'œil et les parties constitutives et les relations. Une machine démontée présente d'une manière plus distincte, sans doute, les pièces qui la composent ; mais, pour bien comprendre l'usage de ces parties, pour apprécier le concours particulier qu'elles apportent au mouvement général, il faut qu'elles aient été remises en leur place. A force de décomposer, de diviser et d'analyser, Condillac et son école en sont venus à ne reconnaître dans l'homme que des sensations transformées. Descartes et Malebranche, au contraire, voient à peine en lui autre chose que des idées pures : tendance au matérialisme d'une part, spiritualisme exagéré de l'autre. Condillac prétend donner la raison de tous les phénomènes de l'âme en partant de ce fait : le parfum d'une rose perçu par un homme-machine privé de tous les sens, à l'exception de l'odorat. Malebranche, cherchant l'explication des mêmes phénomènes, et ne la trouvant point dans les créatures, n'hésite pas à faire intervenir l'essence divine.

Pourquoi voit-on des hommes intelligents s'enfoncer, de raisonnement en raisonnement, avec une apparente rigueur de déduction, dans les extravagances les plus étranges? c'est qu'ils n'ont su voir la question que par une de ses faces. Est-ce l'esprit d'analyse qui leur manque? Non. A peine un objet est-il dans leurs mains qu'ils le décomposent. Mais, un seul point négligé compromet leur travail; et, dans les cas bien rares où leur analyse est complète, ils oublient que l'objet qu'ils ont décomposé est un, que chacune de ses parties est unie à l'autre par des relations étroites, et que, s'ils ne tiennent pas compte de ce fait essentiel, un chef-d'œuvre peut devenir en leurs mains une absurdité.

§ IV. — Le teinturier et le philosophe.

Un teinturier habile se livre dans son laboratoire aux travaux de sa profession ; survient un philosophe, grand raisonneur, admirateur passionné de l'analyse. Une discussion s'engage sur les couleurs, et celui-ci, analysant en particulier chacune des substances que l'ouvrier mêle et combine, lui démontre qu'il ne saurait obtenir par leur moyen les résultats qu'il attend. L'analyse est exacte; les preuves sont nombreuses, les raisons évidentes, les raisonnements sans réplique. — Vous avez raison en détail, répond l'ouvrier à bout d'arguments. Tout ce que vous avancez est possible ; mais, revenez demain !

Le philosophe revient en effet, et le teinturier étale

à ses yeux les riches tissus qu'il retire de ses chaudières enfumées. Que devient l'infaillibilité de l'analyse? L'azur, l'orangé, la pourpre opulente, les couleurs les plus délicates, les nuances les plus variées, chatoient sur les étoffes brillantes.

Connaître la partie isolée de l'ensemble ou combinée avec l'ensemble n'est donc pas une même chose. Décomposer et diviser n'est donc qu'une partie de la science. Il faut savoir aussi réunir et composer.

§ V. — Objets vus d'un seul côté.

Certains esprits très lucides d'ailleurs, très pénétrants, mais superficiels, se fourvoient quelquefois d'une façon déplorable. Nous en avons dit la raison : N'envisageant qu'un seul côté des choses, ils établissent sur cette perception défectueuse, sur cette base imparfaite une suite de raisonnements qu'ils poussent à outrance, arrivant ainsi à des conclusions absurdes. De là cette opinion que, à l'aide du raisonnement, on peut tout attaquer et tout défendre. Souvent, en effet, un homme droit, bien qu'il ait de son côté la vérité, le bon sens, se tait devant son adversaire, ébloui sinon vaincu par des sophismes qui, pénétrant par les moindres jours, comme l'eau à travers les pores, franchissent les plus impénétrables défenses. L'excès d'agilité empêche certaines personnes de se maintenir en une démarche grave et mesurée ; l'excès d'esprit est un défaut du même genre.

§ VI. — Inconvénients d'une perception trop rapide.

La rapidité de la perception est une qualité précieuse ; mais il faut se tenir en garde contre l'effet ordinaire de cette rapidité, l'inexactitude. Une perception trop prompte ne fait qu'effleurer les objets. L'hirondelle qui rase dans son vol rapide la surface des eaux ne saisit que les insectes qui surnagent ; les oiseaux plongeurs vont jusqu'au fond chercher leur proie.

Les hommes doués d'une perception rapide se font remarquer par une facilité pleine de séductions et de grâce. Ils savent donner aux sujets qu'ils traitent une certaine apparence de méthode, de clarté, de précision, qui trompe les esprits inattentifs. Dans les sciences, ils brillent par la simplicité de leurs définitions, par une heureuse application des principes qu'ils ont posés ; cette qualité caractérise les esprits à conceptions fortes et profondes ; mais elle peut masquer aussi l'impuissance et la frivolité. Ainsi des eaux peu profondes charment les yeux, parce qu'elles laissent voir le sable de leur lit où scintillent quelques paillettes d'or.

CHAPITRE XIV.

LE JUGEMENT.

§ I. — Qu'est-ce que le jugement? Sources d'erreurs.

Le jugement est-il un acte distinct de la perception? est-il simplement la perception des rapports que deux idées ont entre elles? Il n'entre point dans notre plan de résoudre ces questions abstraites, et nous les remplacerons avec fruit, je l'ose croire, par des définitions pratiques. Juger, c'est affirmer mentalement qu'une chose est ou n'est point; qu'elle est ou n'est point d'une certaine manière.

On nomme proposition l'expression d'un jugement.

Les axiomes faux, les propositions prises en un sens trop étendu, les définitions incomplètes, les expressions vagues, les suppositions gratuites, les préjugés, telles sont les sources des erreurs de notre jugement.

§ II. — Axiomes faux.

Toute science a besoin d'un point d'appui. C'est le fondement sur lequel l'architecte élève son édifice.

Mais les architectes de la pensée ne trouvent pas tous, le fond solide; et l'homme ne sait point attendre. Ce qui demanderait l'expérience et le labeur des siècles, il veut le produire en un jour; s'il ne trouve pas, il invente. Si la réalité lui fait défaut, il élève ses frêles constructions sur les rêves de son imagination; à force de sophismes il en vient à se faire illusion à lui-même. Il convertit en vérités incontestables ce qu'il sait bien n'avoir été, dans le principe, qu'une forme vague de sa pensée, qu'une apparence sans fixité. Les exceptions lui sont-elles un embarras dans les systèmes qu'il invente; il formule une proposition générale, il l'érige en axiome. Cet axiome doit se prêter à mille interprétations, se resserrer ou s'étendre à volonté, selon les besoins des circonstances et de la cause, et il le conçoit en termes vagues, généraux, confus, inintelligibles. Que s'il s'élève dans son esprit quelques scrupules touchant les vérités qu'il établit de la sorte, s'il craint de voir s'écrouler en entier l'édifice construit avec tant de peine, chose étrange! oubliant son point de départ, il se rassure en disant : ma base est solide; c'est un axiome; un axiome est un principe d'éternelle vérité!

Un axiome doit frapper notre esprit, entraîner notre adhésion, comme les rayons du soleil frappent nos yeux et nous font croire à la lumière. A toute proposition qui ne se présente point avec cette évidence, refusez ce nom sans hésiter. Vous avez compris chacun des termes d'une proposition, et vous n'êtes pas convaincu : ce n'est point un axiome, défiez-vous. S'il importe à un si haut degré d'être sévère, c'est que l'erreur ici peut changer complétement notre point de vue; le danger est d'autant plus grand que notre sécurité serait plus entière.

§ III. — Propositions trop générales.

Si l'essence des choses nous était connue, il nous serait facile d'établir des propositions générales, sans exception, car l'essence étant la même pour l'espèce tout entière, ce que nous affirmerions d'un seul individu serait également affirmé de tous. Mais le plus souvent nous n'avons sur ce point que des connaissances imparfaites, ou nous ne savons rien ; voilà pourquoi nous ne pouvons parler des êtres que relativement à celles de leurs propriétés qui sont à notre portée ; nous ignorons même, si ces propriétés ont leur racine dans l'essence des choses ou sont purement accidentelles. Les propositions générales que nous établissons se ressentent de cette impuissance de notre esprit ; et comme, après tout, elles n'expriment que nos conceptions et nos jugements, elles ne peuvent s'étendre au delà du cercle que notre intelligence embrasse. De là tant d'exceptions imprévues, de là aussi l'exception si souvent prise pour la règle. Quiconque établit une proposition générale est soumis à ces chances d'erreur, quelle que soit l'application de son esprit. Que sera-ce donc de ces propositions dans lesquelles la légèreté du fond le dispute à l'imperfection de la forme?

§ IV. — Définitions inexactes.

Ce que nous avons dit des axiomes se peut dire également de la définition, puisqu'elle est le flambeau de la perception et du jugement, et que c'est grâce à son appui que le raisonnement peut marcher avec confiance.

Une bonne définition est chose très difficile, impossible même en un grand nombre de cas. Définir, c'est expliquer l'essence de la chose définie; or, comment expliquer ce que l'on ne connaît point? Malgré cette difficulté, il n'est pas de science qui ne se prévale d'une foule de définitions mises en circulation comme monnaie de bon aloi. Chose étrange! tel écrivain s'élève contre cet abus, il l'attaque dans ses devanciers, avec une verve pleine de bon sens; mais pour remplacer aussitôt les définitions qu'il bat en brèche par des définitions nouvelles, pour relever sur une hypothèse de son choix l'édifice d'erreurs qu'il vient de renverser. Si la définition se propose de faire connaître l'essence des choses, et s'il est si difficile d'atteindre ce résultat, pourquoi tant se presser? Le but de nos recherches étant la connaissance de la nature des êtres, et, la définition devant exposer le résultat de ces recherches, pourquoi débuter par la conclusion? Définir, c'est poser l'équation d'où se dégage l'inconnue. dans la solution de tout problème cette équation est la dernière.

Nous ne pouvons définir d'une manière exacte que les êtres de convention, parce qu'ils relèvent, pour ainsi dire, de notre volonté. Mais puisque l'essence des choses nous échappe, au moins devrions-nous établir rigoureusement le sens de nos définitions, c'est-à-dire définir le mot par lequel nous prétendons exprimer la chose. Je ne sais ce qu'est le soleil, je ne connais point sa nature, il m'est donc impossible de le définir. Toutefois, comme je sais ce que j'entends par le mot *soleil*, il doit m'être facile d'expliquer le sens que j'attache à ce mot. Qu'est-ce que le soleil? — Je l'ignore. — Qu'entendez-vous par le mot soleil? — J'entends cet astre, dont la présence amène, et dont l'absence retire le jour. Ceci me conduit à parler des expressions vagues et mal définies.

§ V. — **Expressions mal définies.** — **Examen du mot *Égalité*.**

En apparence, rien de moins difficile que de définir un mot, car il est naturel de supposer que celui qui parle sait ce qu'il dit; toutefois, l'expérience prouve qu'il n'en est pas toujours ainsi. Les hommes capables de préciser le sens des mots qu'ils emploient sont assez rares. La confusion dans les termes naît de la confusion des idées et l'augmente. Souvent nous voyons éclater des discussions très animées et soutenues des deux parts avec un talent peu commun. Il est vrai qu'à chaque instant la question se déplace et change d'objet, mais la lutte n'en est point pour cela moins ardente, moins acharnée : on dirait des ennemis mortels sur un champ de bataille. Voulez-vous faire tomber cette ardeur? Relevez le mot sur lequel roule la discussion et demandez aux champions en quel sens ils l'emploient. Vous les prenez au dépourvu ; ils ne s'attendaient pas à une attaque de ce côté ; peut-être même cherchent-ils pour la première fois à se rendre compte (parce qu'ils y sont forcés) du sens vrai d'une expression dont ils ont fait des applications sans nombre. Que si, chose rare! on peut nous donner l'explication demandée, il se trouve qu'on ne s'entend pas sur la définition ; la querelle engagée ou qui *semblait engagée* sur les choses change d'objet; on va disputer sur les termes. J'ai dit, semblait engagée ; car, dans la plupart des luttes de ce genre, une question de mots se cache sous la question de choses.

Il est dans toutes les langues des expressions vagues, trop générales, mal définies. Chacun les traduit à son point de vue; multiples comme le sentiment qui les interprète elles font le désespoir de la logique, et semblent inventées pour tout confondre. Donnons un exemple :

« *L'égalité* est l'œuvre de Dieu, l'inégalité l'œuvre
« de l'homme. Des pleurs, un dernier gémissement,
« voilà ce qui commence et finit la vie. Point de dif-
« férence entre le riche et le pauvre, entre le noble
« et le plébéien. La religion nous enseigne que nous
« avons tous une commune origine, une fin com-
« mune. Les inégalités monstrueuses qui déshono-
« rent l'humanité sont l'œuvre de l'esprit du mal ; si
« le peuple les subit, c'est que ses oppresseurs le
« laissent croupir dans l'ignorance, c'est qu'il oublie
« sa dignité. »

Cette définition déclamatoire de l'égalité chatouille agréablement certains amours-propres, et présente, on ne peut le nier, quelque chose de spécieux ; mélange d'erreurs et de vérités, langage séducteur pour les esprits irréfléchis, ridicule confusion de mots pour le penseur. C'est que dans la même phrase on donne au mot égalité des significations différentes ; c'est qu'on l'applique en un même sens à des sujets aussi éloignés l'un de l'autre que le ciel et la terre ; c'est que, d'un assemblage de contradictions passant résolument à des conclusions générales, on érige un sophisme en axiome, et on l'impose aux esprits faibles et prévenus.

— Définissez, dirai-je, le mot *égalité* ?
— Ce mot se définit lui-même.
— Mais encore ?
— *L'égalité* est ce principe sacré qui veut qu'un

homme ne soit ni plus ni moins qu'un autre homme.

— Définition bien vague. Deux hommes sont égaux en stature; suit-il de là qu'ils doivent l'être en tout le reste? L'un, par exemple, est obèse comme l'illustre gouverneur de l'île Barataria; l'autre efflanqué comme le chevalier de la Triste-Figure; de plus, les hommes sont égaux ou inégaux en savoir, en vertus, en noblesse d'âme, etc.; il sera donc à propos de se mettre d'accord, avant de passer outre, sur le sens exact, positif, qu'il convient de donner au mot égalité.

— Je parle de l'égalité de nature, de cette égalité que le Créateur a lui-même établie, et contre laquelle le despotisme de l'homme ne saurait prescrire.

— Ce qui veut dire, sans doute, que, par nature, nous sommes tous égaux..... Mais la nature nous fait naître faibles ou robustes, beaux ou laids, lourds ou agiles; nous sommes naturellement intelligents ou bornés, violents ou pacifiques, etc. Comptez les vagues de la mer, et vous saurez le nombre des inégalités naturelles.

— Ces inégalités n'impliquent pas l'inégalité des droits.

— La question change de face. Nous abandonnons l'égalité naturelle ou nous la restreignons beaucoup. Peut-être ne tarderons-nous pas à nous apercevoir que l'égalité des droits a bien aussi son côté défectueux. Donnerez-vous, par exemple, à l'enfant le droit de gourmander et de châtier son père ?

— Vous me prêtez des absurdités.

— Non, j'exprime une conséquence forcée de l'égalité absolue des droits ; et s'il n'en est pas ainsi, veuillez me signaler ceux dont vous parlez ; les droits pour lesquels l'égalité doit être ou n'être pas admise.

— Il est évident que j'entends parler des droits civils, de l'égalité sociale.

— Tout à l'heure nous prenions ce mot dans un sens plus général, plus absolu ; mais chassé d'un retranchement, vous vous réfugiez dans un autre. N'importe ! égalité sociale veut dire, sans doute, qu'en société tous les hommes sont ou doivent être égaux. Égaux en quoi ? en autorité ? Plus de gouvernement possible. En fortune ? Laissons de côté la justice et procédons au partage. Au bout d'une heure, de deux joueurs ayant eu des chances inégales, l'un est ruiné, l'autre a doublé son capital ; l'inégalité reparaît. Recommencez mille fois le partage, il en sera toujours de même.

Égaux en considération ? mais vous est-il possible d'avoir une égale estime pour un misérable et pour un homme d'honneur ? placez-vous la même confiance en chacun d'eux ? chargerez-vous, indifféremment, des affaires publiques un homme incapable ou un Richelieu ? et d'ailleurs, tout homme est-il donc apte à tout faire ?

— Non, je le reconnais; mais vous m'accorderez au moins l'égalité devant la loi.

— Question nouvelle ; allons jusque là. La loi dit : Le contrevenant sera soumis à l'amende ; et, s'il est insolvable, à la prison. Le riche paye et se rit de la loi; le pauvre expie sous les verrous et sa faute et sa pauvreté. Où donc est ici l'égalité devant la loi?

— Mais, ces inégalités, il faut les détruire. Le châtiment doit atteindre tous les coupables, peser également sur tous.

— Abolissez alors les amendes, seule manière de punir certains coupables et quelquefois aussi source précieuse de revenu pour le trésor; et, malgré tout, l'égalité dans le châtiment n'en restera pas moins une impossibilité. Admettons que pour un délit l'amende soit fixée; deux coupables sont atteints; l'un paye et reste opulent, l'autre est ruiné.

— Est-il donc impossible de remédier à ces imperfections de la loi ?

— Peut-être ; et par là j'ai voulu prouver que l'inégalité est chose irrémédiable ici-bas. Les châtiments seront-ils corporels ? Même inégalité. L'homme sans dignité personnelle subit avec indifférence la flétrissure, l'exposition publique, et pour certains coupables, ces châtiments seraient plus cruels que la mort. La peine doit être appréciée non en elle-même, mais par le dommage qu'elle cause à celui qui la subit ou par l'impression qu'il en reçoit; sans cela, les deux fins que la loi se propose en frappant le coupable, l'expiation et l'exemple, ne seraient pas atteintes. Dans un même châtiment appliqué à des criminels d'une classe différente, il n'y a d'égal que le nom. — Reconnaissons ces imperfections des choses humaines, et gardons-nous de rêver follement l'égalité absolue ; elle n'est qu'une absolue impossibilité.

La définition d'un mot et la recherche des applications diverses qu'on en peut faire, nous ont fourni l'occasion de sonder un spécieux sophisme et de prouver jusqu'à l'évidence que ce texte de déclamations, si souvent exploité, n'est au fond qu'une vérité banale ou une absurdité prétentieuse. Ne se réduit-il pas, en effet, à cette découverte : Que nous naissons et mourons tous de la même manière.

§ VI. — **Suppositions gratuites.**

A défaut de principes généraux, il nous arrive parfois d'établir nos raisonnements sur des faits qui n'ont de certitude que dans notre crédulité. Nous les déclarons certains, parce que nous avons besoin qu'ils le soient. De là tant de systèmes sur les phénomènes de la nature; chaque inventeur établissant à son tour, sur des suppositions gratuites, l'édifice nouveau qu'il élève. Il n'est pas jusqu'aux talents de premier ordre qui ne se laissent entraîner sur cette pente, lorsque, manquant de données positives sur la nature et l'origine des choses, ils s'efforcent de tout expliquer. Un effet peut procéder d'une infinité de causes ; mais savoir qu'il *peut procéder*, ce n'est pas avoir trouvé la vérité ; il faut savoir qu'il procède. Si l'on m'explique d'une manière satisfaisante, au moyen d'une hypothèse, certains phénomènes, j'admire le talent de l'inventeur, mais je n'ai rien appris sur la réalité des choses.

Attribuer un effet à une cause en vertu de la possibilité, surtout lorsqu'on peut invoquer la coexistence ou la succession, est un sophisme plus commun qu'on ne pense. Mais, que dis-je ? on ne s'enquiert même pas, le plus souvent, de l'existence du phénomène désigné comme cause ; il suffit qu'il ait pu exister et produire l'effet dont on cherche l'explication.

On a trouvé, gisant au fond d'un précipice, le cadavre d'un homme baigné dans son sang. Plusieurs suppositions expliquent cette mort : une chute, un suicide, un assassinat. L'une n'est pas plus vraisemblable que l'autre. Que le plus léger indice se présente, et les conjectures vont aussitôt se produire en foule. Des faits indifférents, groupés autour de la supposition gratuite, lui donneront le caractère de la vraisemblance. Bientôt on ne doute plus, on affirme.

Cette supposition tombe-t-elle devant une observation plus attentive, une autre lui succède, et les faits invoqués à l'appui de la première servent quelquefois à établir la seconde. L'homme est le jouet de sa propre pensée.

§ VII. — Préjugés.

Source inépuisable d'erreurs, véritable écueil des sciences, et l'un des plus grands obstacles à leurs progrès ! Nous aurions peine à croire quelle influence exercent les préjugés, si l'histoire de l'esprit humain ne l'attestait à chaque page.

L'homme qu'un préjugé domine ne voit ni dans les livres, ni dans les choses, ce que les choses et les livres contiennent, mais ce dont il a besoin pour appuyer ses opinions; et souvent il est de bonne foi; il croit aimer la vérité. L'éducation, les maîtres qui nous ont donné les premières notions des sciences, les amis, la profession, la position sociale et mille autres circonstances de ce genre, voilà les sources de nos préjugés. Ce sont, en effet, ces influences réunies qui, déterminant notre point de vue, nous font voir les choses toujours sous un même aspect, toujour de la même manière.

Dès notre premier pas dans une science, on nous présente certains axiomes, certaines propositions, comme des vérités éternelles, incontestées, et nous les acceptons de confiance. Les raisons qui militent en faveur des opinions contraires, loin d'être soumises à notre attention comme des arguments, nous sont signalées comme des sophismes, comme des difficultés à résoudre. Faut-il attaquer? les preuves abondent : on n'a qu'à choisir ; et, dans cette lutte inégale, l'arme que le maître manie à l'abri du péril frappe toujours au talon l'Achille ennemi. Victoire facile, où trop souvent les vaincus sont notre inexpérience et notre bonne foi.

On a pu le remarquer. Dans les discussions des écoles, ou plutôt dans toutes les discussions, il s'agit moins de convaincre que de vaincre. L'amour-propre entre en lice ; et quelles armes ne fournit-il point à la discussion ! Ce qui favorise est exagéré, grossi outre mesure ; on atténue, on défigure, on tait les objections. La bonne foi, peut-être, proteste au fond du cœur. On lui impose silence ; sa voix est étouffée comme on étouffe dans un combat à mort des paroles de paix.

Cela nous explique pourquoi, durant des siècles, certaines écoles ont été disciplinées comme des armées sous le drapeau; pourquoi nous n'avons besoin le plus souvent, afin de connaître l'opinion de certains auteurs, que de savoir à quel ordre religieux ils appartiennent, de quelle école ils sont sortis. Leur erreur ne pouvait être ignorance ; ils consumaient dans l'étude leur vie tout entière; les livres de leurs adversaires ne leur étaient pas inconnus; ils les consultaient tous les jours..... mais pour les combattre. Serait-ce mauvaise foi? Ces hommes étaient des chrétiens sincères.

Les causes de leurs erreurs, nous les avons signalées; cherchez-les dans leurs préjugés. Avant de tromper autrui, souvent l'homme s'est trompé lui-même. Il en vient à prendre son impuissance et sa misère pour de l'énergie et de la constance; il s'obstine à un système, il s'y retranche, il s'y fortifie de tous les arguments qui favorisent son opinion, fermant les yeux à tout le reste. Son esprit s'exalte de plus en plus, à mesure que l'attaque devient plus vive, jusqu'à ce qu'enfin, ne comptant ni le nombre, ni la valeur de ses adversaires, il semble se dire : Ton poste est là, tu dois le défendre; mieux vaut mourir avec gloire que vivre déshonoré !

Voilà pourquoi, lorsqu'il s'agit de convaincre et de persuader, il faut séparer, avec le plus grand soin, la cause de l'amour-propre de celle de la vérité. Il est certaines formules de courtoisie et de déférence dont on ne saurait être trop prodigue. Gardez-vous de mettre en doute l'étendue ou la pénétration d'esprit de votre adversaire, et surtout sachez lui persuader qu'en cédant il ne perdra rien de la bonne opinion qu'on a de lui. — Si vous manquez à ces précautions, la lutte deviendra personnelle et, partant, acharnée;

vous le tiendrez sous vos pieds, l'épée sur la gorge, qu'il ne s'avouera pas vaincu.

CHAPITRE XV.

LE RAISONNEMENT.

§ 1. — Ce que valent les règles de la dialectique.

C'est à grand renfort de règles appuyées sur quelques axiomes, que les dialecticiens prétendent enseigner l'art du raisonnement. J'admets la vérité des axiomes, mais je ne puis croire que l'utilité des règles soit aussi grande qu'on le suppose. Nul ne songe, en effet, à mettre en doute les principes suivants : « Deux choses identiques à une troisième « sont identiques entre elles ; de deux choses iden- « tiques, si l'une diffère d'une troisième l'autre en « diffère également. Ce que l'on affirme, ce que l'on « nie, du genre ou de l'espèce, est pareillement nié, « pareillement affirmé de l'individu, etc. » Que les règles d'argumentation établies sur ces principes soient infaillibles, je le veux. Mais, ces règles, il faut les appliquer ; et il y a loin de la théorie à la pratique.

On a dit : Elles ont l'avantage d'habituer l'esprit à la précision, de faire ressortir, en certains cas, les défauts d'une proposition dont nous ne sentons que vaguement la faiblesse, soit; mais ces avantages sont trop souvent neutralisés par la présomption qu'inspire ce genre d'études. On se persuade que savoir les règles du raisonnement, c'est savoir raisonner. Il ne suffit pas, pour être artiste, de connaître les règles d'un art. Tel pourra réciter, de mémoire, tous les préceptes de la rhétorique, et n'en restera pas moins incapable d'écrire une page sans blesser, je ne dirai pas les règles du goût, mais celles du sens commun.

§ II. — Du syllogisme; observations.

Lorsque nous poursuivons un raisonnement, à moins d'être forcés de lui donner la forme scolastique (usage tombé en désuétude aujourd'hui), avons-nous présentes à la pensée les règles du syllogisme? La réponse à cette question nous donnera la mesure de l'utilité pratique de ces règles. On apprend à connaître si tel syllogisme pèche ou non contre ces règles, et voici la forme ordinaire des exemples proposés : « Toute vertu est louable; or, la justice est une vertu, donc elle est louable. » Supposons, maintenant, que vous ayez à décider si, par un acte particulier soumis à votre examen, la justice est ou n'est pas blessée, et si la loi doit punir; à rechercher en quoi consiste la justice, à analyser, dans leur profondeur, les principes sur lesquels elle repose, à faire ressortir les bienfaits qu'elle répand sur les individus comme sur les sociétés; de quelle utilité vous seront et l'exemple cité et mille autres du même genre? Que les théologiens et les juristes nous disent si, dans leurs écrits, ils se sont préoccupés beaucoup des règles du syllogisme.

« Nul animal n'est insensible; or, le poisson est
« un animal, donc le poisson n'est pas insensible.
« Ce qui est bon est adorable; or, Dieu est bon, donc
« Dieu est adorable. Cette pièce d'argent n'a point le
« poids voulu; or, c'est celle que Pierre m'a donnée,
« donc la pièce d'argent que Pierre m'a donnée
« n'a pas le poids voulu. » De pareils raisonnements peuvent-ils former l'esprit et développer le jugement? Non, ce n'est point dans ces futilités que l'on apprend l'art si difficile de raisonner. La pratique n'offre rien de semblable, et lorsqu'on en vient aux applications, ou l'on oublie complétement les règles, ou, après avoir tenté de s'en servir et de marcher avec leur aide, on abandonne cette méthode aussi rebutante qu'elle est ingrate.

Analysons le dernier exemple que nous avons donné, en comparant la pratique à la théorie :

« Une monnaie qui ne réunit pas les conditions
« prescrites par la loi doit être refusée. Cette pièce

« d'argent ne réunit pas ces conditions, donc je
« dois la refuser. » Raisonnement concluant, mais
inutile.

Si je connais bien la loi qui régit le système monétaire, si j'ai vérifié la pièce de monnaie et reconnu qu'elle n'est point conforme aux prescriptions de cette loi, je la rendrai sans discourir. Et, s'il s'élève une discussion, elle ne portera point sur la légitimité des conséquences que j'aurai tirées des prémisses, mais sur le poids, sur le titre de la pièce d'argent, ou autres choses de ce genre.

L'homme qui développe une proposition ne s'absorbe point dans l'étude rétrospective de sa propre pensée ; de même que l'œil qui saisit les objets extérieurs ne cherche pas en même temps à se voir lui-même. Une idée se présente ; on la conçoit avec plus ou moins de clarté. Cette idée en renferme une ou plusieurs autres qui en éveillent de nouvelles à leur tour. Et, ainsi, l'esprit marche sans secousses, sans subtilités à contre-temps, n'ayant garde de se préoccuper à tout propos du pourquoi de chaque évolution de l'intelligence.

§ III. — L'enthymème.

C'est pour ce motif que les dialecticiens placent au nombre des arguments l'enthymème, syllogisme tronqué, c'est-à-dire dont l'une des prémisses est sous-entendue. L'enthymème est le produit de l'expérience. On ne formule jamais, en effet, dans la pratique, un syllogisme dans toutes ses parties. Celui que nous avons donné, *in extenso*, au commencement de ce chapitre, converti en enthymème, se produirait de la manière suivante : Cette pièce d'argent n'est pas dans les conditions voulues par la loi, donc je ne puis la recevoir. Ou, en style vulgaire et plus concis : Je ne la reçois pas, elle est fausse.

§ IV. — Réflexions sur le terme moyen.

L'artifice du syllogisme [1] est tout entier dans la comparaison qui doit faire ressortir le rapport que les extrêmes ont entre eux. Les extrêmes et le terme moyen une fois connus, il est très facile d'établir cette comparaison ; mais alors la règle devient inutile, parce que sur-le-champ la conséquence cherchée se présente d'elle-même. Trouver ce terme moyen, qui doit servir au raisonnement comme de pierre de touche, reconnaître les extrêmes, lorsque les recherches ont lieu à propos d'un objet dont on ignore la nature, voilà la difficulté. Si ce minéral était de l'or, je sais qu'il aurait telle qualité ; mais

---

[1] Le syllogisme est un raisonnement composé de trois propositions, ou la comparaison de deux idées moyennant une troisième. Les deux idées à comparer sont les *extrêmes* et l'idée avec laquelle on les compare est le terme *moyen*.

j'ignore si c'est de l'or, et, partant, l'un des deux extrêmes me manque. Ce juge sait que si l'homme qui passe à côté de lui était l'assassin qu'il recherche depuis longtemps, il devrait l'envoyer au supplice ; mais rien ne lui indique le coupable : il aurait des soupçons, qu'il ne pourrait condamner cet homme sans preuves. Il possède les deux extrêmes ; c'est le terme moyen qu'il n'a pas.

Nous pouvons l'affirmer, ce terme ne se présentera point à lui sous la forme dialectique. Les antécédents de l'accusé, sa manière de vivre, les témoins qui l'accusent, le poignard qu'il tenait caché et que l'on a découvert, les traces de sang reconnues sur ses vêtements souillés, certains objets surpris en sa possession, et qui paraissent avoir appartenu à la victime, l'inimitié qu'il lui portait, ses contradictions, son trouble, lorsqu'il est rentré dans sa maison peu de moments après l'exécution du crime, etc., voilà le terme moyen, ou plutôt voilà les circonstances qui devront désigner le coupable. Ces circonstances, le juge les pèsera scrupuleusement, en particulier et dans leur ensemble ; il multipliera son attention, pour la porter en tous sens, pour la partager entre mille objets divers, et la donner en même temps à chacun d'eux tout entière ; il ne négligera rien pour arriver à la vérité ; tous les détails seront recueillis, classés, étudiés. Qu'il y a loin de ces préoccupations à la forme scolastique ! De quelle utilité seraient ici les règles du syllogisme ?

§ V. — Utilité de la dialectique.

Toutefois (et nous l'avons fait observer déjà), cette forme peut être employée avec fruit, même aujourd'hui, lorsqu'il s'agit de présenter avec exactitude et rigueur un enchaînement d'idées. Sans valeur comme moyen d'invention, elle n'est point à dédaigner comme méthode d'enseignement. Aussi, loin de prétendre bannir cette étude des classes élémentaires, j'engage fortement à la conserver, non dans sa sécheresse, mais dans sa force. Les syllogismes sont les nerfs et les os du raisonnement. Sachons les revêtir de chair et leur donner les formes gracieuses de la vie. On en abusait autrefois ; nous sommes tombés dans l'excès contraire, et cet excès est nuisible aux progrès des sciences, à la cause de la vérité.

Autrefois, le discours sans ampleur laissait voir à nu le squelette ; aujourd'hui, tel est le souci de la forme et l'oubli du fond, que dans la plupart des œuvres oratoires les mots tiennent la place des choses. Des phrases ! et voilà tout ! étincelantes de beautés, je le veux... si des paroles vides peuvent être belles. Avec l'aide de la dialectique ancienne, les esprits sophistiques et subtils allaient égarant la vérité en d'inextricables subdivisions; les esprits creux l'étouffent aujourd'hui, l'ensevelissent, la rendent insaisissable sous l'ampleur des ornements. *Est modus in rebus.*

CHAPITRE XVI.

LE RAISONNEMENT N'EST PAS LE SEUL MOYEN DE TROUVER LA VÉRITÉ.

§ I. — L'inspiration.

Non, les grandes pensées ne sont point filles du raisonnement. Presque toutes les découvertes heureuses, les plus sublimes, comme les plus précieuses conquêtes de l'esprit humain, sont dues à l'inspiration ; lumière spontanée, mystérieuse, qui, tout à coup, illumine l'intelligence de l'homme sans qu'il sache lui-même d'où elle vient. Je dis inspiration, aucun autre mot ne m'ayant semblé rendre d'une manière plus exacte cet admirable phénomène.

Un mathématicien poursuit avec ardeur la solution d'un problème : il n'a rien négligé ; il en comprend l'exposé dans toutes ses parties, et, toutefois, ses efforts sont impuissants ; la solution ne se présente point. Il change les figures, il opère sur des quantités différentes, tout est inutile. Sa tête est fatiguée ; la plume échappe de ses mains ; il abandonne son travail, ne sachant même plus s'il pense. On dirait un homme qui, découragé des tentatives inutiles qu'il a faites pour ouvrir une porte fermée, s'assied sur le seuil, attendant qu'on vienne à lui de l'intérieur. Tout à coup la lumière se fait ; la vérité qu'il ne poursuit plus se livre d'elle-même ; le problème est résolu. Ce mathématicien, c'est Archimède s'élançant du bain dans les rues de Syracuse, et criant à la foule : « Je l'ai trouvé ! »

Après de longues heures données à la méditation, il arrive souvent que l'esprit épuisé suspend ses efforts, s'arrêtant bien loin encore en apparence du but qu'il voulait atteindre ; c'est durant ce temps d'arrêt, à l'improviste, au milieu d'une distraction, au milieu d'un travail tout différent, que la vérité vainement cherchée vient s'offrir à lui. Il semble que les âmes méditatives aient ce privilége de ne rompre jamais complétement avec leurs études. Les questions qui les préoccupent, hôtes familiers, reviennent, pour ainsi dire, frapper à la porte de l'intelligence sans être attendues, comme pour demander si ce n'est pas encore leur tour. On connaît cette exclamation involontaire de saint Thomas à la table du roi de France : « Ceci est une preuve sans réplique contre l'hérésie de Manès. »

§ II. — La méditation.

Il ne faut point croire que l'homme qui étudie une question difficile dirige sa pensée comme avec la règle et le compas. Absorbé dans son travail, oubliant jusqu'à son existence, il médite, pour ainsi dire, sans le savoir. Il étudie les choses, tantôt dans leur ensemble, tantôt dans les détails; il prononce intérieurement le nom de l'objet de son examen; il passe du point essentiel aux accessoires; il ne va pas comme par un chemin tracé, sachant le terme de sa course; mais, semblable au manœuvre qui cherche dans la terre un trésor dont il ignore la place, il fouille avec ardeur ici, là, de tous côtés.

Il n'en peut être autrement, à moins que la vérité cherchée ne soit connue d'avance. Vous avez sous les yeux un minéral dont vous connaissez la nature; si l'on vous demande de l'analyser, vous employez naturellement le procédé le plus simple, la méthode connue. Mais, si le minéral vous est inconnu, vous l'examinez avec attention une et plusieurs fois; vous formez des conjectures d'après tel ou tel indice; enfin, vous le soumettez à des expériences diverses, non pour prouver que le minéral est de telle espèce, mais pour découvrir ce qu'il est.

§ III. — Invention et enseignement.

De là une différence radicale entre la méthode

d'enseignement et la méthode d'invention. Celui qui enseigne sait où il va, et connaît le chemin qu'il doit suivre, parce qu'il l'a déjà parcouru : l'inventeur n'a souvent aucun objet déterminé. Que s'il se propose un but particulier, il ignore s'il pourra l'atteindre, ou si ce qu'il cherche n'est pas une erreur de son imagination ; et, dans le cas même où il connaît le but, au moins ignore-t-il la route qui y mène.

C'est pourquoi les principes que l'on emploie dans l'enseignement des sciences diffèrent presque toujours de ceux que l'inventeur a employés. On doit à la géométrie la découverte du calcul infinitésimal, et c'est par une série de procédés algébriques qu'on arrive aujourd'hui à l'application de ce calcul.

Au milieu d'une chaîne de montagnes escarpées se dresse un pic isolé, sur lequel on aperçoit confusément les ruines d'un antique édifice. Un hardi voyageur forme le projet de gravir jusque-là. Il étudie le terrain, sonde les passages ; il part ; il franchit les plus hautes cimes, les chemins les plus impraticables. Une herbe suspendue au flanc des précipices, un tronc vermoulu, une pierre roulante, tout lui sert de point d'appui ; il rampe, il bondit, il se traîne ; enfin, couvert de sueur, haletant, il atteint le sommet désiré ; et, levant les bras au ciel, il s'écrie dans son orgueil : « J'ai vaincu ! » La chaîne de montagnes tout entière se déroule à ses pieds :

ce qu'il ne voyait qu'en détail, il le domine, il l'embrasse dans son ensemble, d'un seul regard. Là bas, il voit se dresser les obstacles contre lesquels se sont brisés ses premiers efforts, et il se rit de son ignorance; ici, il contemple ceux qu'il a surmontés, et il s'épouvante de son audace. Ses compagnons, trop faibles pour vaincre les inextricables difficultés de la route, n'ont pu le suivre que de leurs vœux. Mais il est un sentier resté jusqu'à ce jour inconnu, parce qu'on ne peut l'apercevoir que du sommet de la montagne; les détours en sont nombreux, il s'allonge bien loin dans la plaine, mais il est praticable aux moins vigoureux, aux moins hardis; l'œil perçant du voyageur l'aperçoit; c'est par là qu'il va descendre; c'est par là que, marchant devant ses compagnons, et leur disant : Suivez-moi ! il va les conduire au but, sans danger, sans fatigue. Grâce à lui, la montagne leur est désormais accessible; ils peuvent admirer à leur tour et les ruines pittoresques et le point de vue sublime que l'on voit se dérouler du sommet.

§ IV. — L'intuition.

Il ne faut point croire toutefois que les découvertes du génie soient toujours aussi laborieuses. Une de ses prérogatives, c'est l'*intuition*, c'est-à-dire la faculté de voir sans efforts ce que d'autres ne découvrent que par un travail pénible et soutenu. Il est encore nuit pour le vulgaire, et le soleil est déjà levé pour lui. Une idée, un fait insignifiants en apparence, lui révèlent mille relations, mille circonstances inconnues. Ce n'était qu'un point, et sous le regard de l'homme de génie ce point grandit, se dilate, s'étend comme l'aurore au lever du soleil. Voyez! ce n'était aussi à l'orient qu'un léger trait de lumière! et déjà d'innombrables rayons d'argent et d'or jaillissent dans le ciel; des torrents de feu inondent l'espace du levant au couchant, de l'aquilon au sud!

§ V. — *La difficulté n'est pas de comprendre, mais de trouver. Les joueurs d'échecs. Sobieski.*

Signalons ici une particularité remarquable : c'est que beaucoup de vérités, très accessibles par elles-mêmes, ne se présentent néanmoins jamais qu'à certains hommes privilégiés. Ceux-ci les mettent au jour ou les signalent, et aussitôt elles paraissent si claires, si simples, si faciles à comprendre, que chacun s'étonne qu'on ait été si longtemps sans les apercevoir.

Deux joueurs d'échecs suivent une partie sérieuse. L'un d'eux semble s'égarer en des combinaisons insignifiantes; il abandonne une pièce qu'il aurait pu défendre; il se préoccupe de la défense d'un point qui n'est pas attaqué. Temps perdu! murmure-t-on autour de lui. — A chacun son jeu, reprend le joueur, et il continue d'un air distrait. Son adversaire n'a point pénétré ses intentions ; il ne voit pas le péril, il se livre ; et tout à coup le joueur inhabile, celui qui perdait son temps et ses pièces, l'attaque par le flanc découvert, et dit avec un malin sourire : Échec et mat ! — Il avait raison ! s'écrient les assistants. Comment ne l'avons-nous pas vu ? c'était si simple.

Les Turcs campent autour de Vienne, et dans la ville assiégée on dispute avec ardeur sur le point par lequel on devra les attaquer à l'arrivée impatiemment attendue de Sobieski. Les plans de bataille sont innombrables. Le héros polonais arrive, il promène ses regards sur l'armée ennemie et dit : Elle est à moi. Le lendemain, il livre la bataille ; les Turcs sont mis en déroute, Vienne est libre. Après le succès, sur la vue du plan d'attaque, chacun de dire : Les Turcs ont commis telle faute, le roi avait raison. La vérité apparaît à tout le monde, simple, facile à saisir. Oui ! — mais après le succès.

Quoi de plus simple que notre système de numération ? et il est resté inconnu aux Grecs et aux Romains. Quel phénomène plus souvent offert à notre observation que la tendance des fluides à prendre le niveau de leur source. On l'avait vu s'opérer dans les cornues des chimistes, dans tous les vases qui ont un ou plusieurs tubes de communication. — N'était-il pas facile d'appliquer cette loi naturelle à l'irrigation des terres, chose d'une si grande utilité! et cependant plusieurs siècles se sont écoulés avant que l'homme ait su mettre à profit la leçon que la nature plaçait tous les jours sous ses yeux.

Saisir une relation évidente, mais que personne ne sait voir, est un des caractères du génie. Cette relation n'offre, par elle-même, aucune difficulté ; si celui qui l'a découverte la montre du doigt en disant : regardez! tous les yeux semblent s'ouvrir à la fois et s'étonnent de ne l'avoir pas vue. C'est pourquoi, entraînés par la force des choses, nous donnons à cet ordre de découvertes les noms de *rencontres*, de *chances*, d'*inspiration*, exprimant ainsi qu'elles n'ont point coûté de travail et se sont présentées d'elles-mêmes à l'esprit.

§ VI. — Règles sur la méditation.

Concluons de ce qui précède que, pour bien penser, mettre son esprit à la torture serait un faux système ; mieux vaut lui laisser une certaine liberté. Vos méditations vous paraissent stériles ; votre attention semble sommeiller, et votre esprit se détendre ; n'importe, ne le violentez pas. Il cherche durant cette halte apparente un indice qui lui serve de guide. Ainsi, celui qui veut ouvrir un de ces coffrets inventés pour exercer à la fois la sagacité et la patience, le tourne et le retourne plusieurs fois dans ses mains, pressant du doigt chacune de ses faces, chacun de ses angles, jusqu'à ce qu'enfin il s'arrête un moment, pensif, et dit : Voilà le secret! il est ouvert!

§ VII. — Caractère des intelligences élevées. Remarquable doctrine de saint Thomas d'Aquin.

Pourquoi certaines vérités simples ne se présentent-elles pas à toutes les intelligences? Comment se fait-il que le genre humain soit tenu d'admirer comme un homme extraordinaire, tel qui sait voir certaines choses que tout le monde (il le semble du moins) aurait pu voir comme lui? C'est demander la raison d'un secret de la Providence ; c'est demander pourquoi le Créateur accorde à quelques esprits d'élite une grande force d'intuition, ou, si l'on veut, une vision intellectuelle immédiate, refusée au plus grand nombre.

Saint Thomas expose sur ce fait particulier une admirable doctrine. Suivant le saint docteur, raisonner est une marque de la faiblesse de notre esprit. La faculté de développer nos idées nous a été donnée pour suppléer à cette faiblesse. Les anges comprennent mais ne raisonnent pas. Plus une intelligence est élevée, plus le nombre de ses idées décroît, parce qu'elle enferme, dans un petit nombre de ces types des choses, ce que les intelligences d'un degré inférieur distribuent en un nombre plus grand. Ainsi, les anges du plus haut degré embrassent, à l'aide de quelques idées seulement, un cercle immense de connaissances. Le nombre des idées va se réduisant toujours dans les intelligences créées, à mesure que ces intelligences se rapprochent du Créateur; et Lui, l'Idée par excellence, l'Être infini, l'Intelligence infinie, voit tout dans une seule idée; idée simple, unique, immense, idée qui n'est autre que son essence même. Quelle sublime théorie! Elle accuse une connaissance admirable des secrets de l'esprit et nous suggère d'innombrables applications relativement aux facultés de l'homme.

En effet, les esprits d'élite ne se distinguent point par la quantité de leurs idées. Ils n'en possèdent qu'un petit nombre, dans lesquelles ils embrassent le monde. L'oiseau des plaines se fatigue à raser la terre; il passe et repasse aux mêmes lieux, ne franchissant jamais les sinuosités et les limites de la vallée natale. L'aigle, dans son vol majestueux, monte, monte toujours, ne s'arrête que sur les plus hautes cimes, et de là son œil perçant contemple les montagnes, le cours des fleuves, les vastes plaines couvertes de cités populeuses, les vertes prairies et les riches moissons!

Il y a dans toutes les questions un point de vue culminant, où se place le génie. De ce faîte, son regard domine et embrasse l'ensemble des choses. S'il n'est pas donné au commun des hommes de s'élever jusque là d'un premier essor, au moins doivent-ils y tendre sans cesse. Les résultats payent l'effort au centuple. On a pu l'observer; toute question, ou même toute science, se résume en un petit nombre de principes essentiels, desquels tous les autres découlent. Il faut comprendre ces principes, le reste devient simple et facile, et l'on ne s'égare point dans les détails.

Présentez à l'esprit les objets aussi simplifiés que possible et débarrassés, pour ainsi dire, de tout feuillage inutile; sa faiblesse l'exige. Pour obtenir qu'il multiplie son attention, gardez-vous de trop exiger de lui; sachez le circonscrire. Cette méthode lui facilite l'intelligence des choses, donne à ses perceptions l'exactitude et la lucidité, et aide puissamment la mémoire.

§ VIII. — Nécessité du travail.

Devons-nous conclure des doctrines contenues dans ce chapitre, sur l'inspiration et l'intuition, qu'il faut renoncer au raisonnement et même à l'étude, et s'abandonner à une sorte de quiétisme intellectuel ? A Dieu ne plaise! S'il est une condition indispensable au progrès de toute faculté, c'est le travail. Dans l'ordre intellectuel comme dans l'ordre physique, un organe qui ne fonctionne pas s'engourdit et perd une portion de sa vie. Un membre qui ne se meut point se paralyse. Les génies les mieux doués n'entrent pleinement en possession de leurs forces que par un travail pénible et soutenu. L'inspiration ne descend pas sur le paresseux ; elle exige avant de se produire une sorte de fermentation d'idées et de sentiments élevés. L'intuition, c'est-à-dire la vue de l'esprit, ne s'acquiert que par une longue habitude *de regarder*. Le coup d'œil rapide, sûr et délicat d'un grand peintre n'est pas un don gratuit de la nature ; ce don, il le doit à la contemplation passionnée, à l'observation, à l'étude patiente des bons modèles. Le sentiment divin de l'harmonie ne se développerait jamais dans l'organisation même la plus heureuse, que heurteraient sans cesse des sons âpres et discordants.

CHAPITRE XVII.

L'ENSEIGNEMENT.

§ 1. — Deux objets de l'enseignement ; les professeurs.

Les dialecticiens établissent une distinction entre la méthode d'invention et la méthode d'enseignement. Je vais hasarder quelques observations sur l'une et l'autre.

L'enseignement se propose deux objets : 1° apprendre aux élèves les éléments des sciences ; 2° développer leurs facultés, de sorte qu'au sortir des écoles ils soient en état de s'avancer, en proportion de leur capacité, dans la carrière qu'ils auront choisie.

On pourrait croire que ces deux objets de l'enseignement sont identiques ; il n'en est point ainsi. Pour réaliser le premier, il suffit d'un maître médiocrement instruit. Seuls, des hommes d'un mérite véritable savent se proposer le second. La science des uns peut se borner à un certain enchaînement de faits et de principes dont l'ensemble forme le corps de la science. Les autres doivent savoir comment s'est formée cette chaîne dont les extrémités se réunissent. Les premiers connaissent les livres. Les seconds doivent connaître les choses.

Cependant, un professeur médiocrement instruit sera quelquefois plus apte à l'enseignement élémentaire qu'un homme d'un savoir profond, celui-ci étant exposé à se laisser entraîner à des digressions peu compatibles avec la simplicité que doivent avoir les premiers principes d'une science enseignés à des intelligences peu développées.

L'explication claire des termes, l'exposition courante et simple des éléments sur lesquels la science repose, l'arrangement méthodique des théorèmes et de leurs corollaires, voilà le caractère spécial de l'enseignement élémentaire.

Mais celui qui porte plus haut ses vues ; celui qui

regarde les jeunes intelligences confiées à ses soins, non comme des toiles neuves sur lesquelles il doit esquisser quelques traits ineffaçables, mais comme un terrain qu'il peut rendre fertile, à celui-là incombe une œuvre plus élevée, un plus difficile labeur. Être à la fois clair et profond, unir les combinaisons à la simplicité, conduire les intelligences par des chemins faciles, et leur enseigner en même temps à vaincre les difficultés dont la route des sciences est toujours hérissée, signaler les défilés par lesquels ont passé les inventeurs, les obstacles qu'ils ont franchis; inspirer le goût, l'enthousiasme du beau, qui est la splendeur du vrai; donner au talent la conscience de ses forces, sans surexciter l'orgueil, telle est la tâche de celui qui regarde l'enseignement, non comme une moisson qu'il doit récolter lui-même, mais comme une semence d'avenir.

§ II. — Génies inconnus aux autres et à eux-mêmes.

Qu'ils sont peu nombreux les professeurs doués de cette précieuse habileté! Mais, aussi, qui songe à tourner vers la carrière de l'enseignement les intelligences d'élite? Qui songe à s'assurer si les hommes chargés de cette noble mission possèdent, avec la science, l'élévation de l'esprit et du cœur, l'amour sympathique du beau et de la vérité? Et, cependant, on n'ignore pas combien est grande et redoutable l'influence que les maîtres peuvent exercer sur de jeunes intelligences. Ils frappent, pour ainsi dire, à leur empreinte des générations entières. Si le passé est si plein de ruines, si le présent est si troublé, nous serait-il difficile d'en trouver la cause?

Les chaires que viennent occuper parfois des hommes de talent ne sont regardées par eux que comme un marchepied ; ils traitent en manière de distraction ce qui devrait absorber leur vie tout entière, l'essentiel devient l'accessoire.

Aussi, qu'un jeune homme ait senti s'allumer dans son sein la flamme sainte du génie, nul guide pour le diriger, nul appui pour aider ses premiers pas, nul maître qui le révèle à lui-même. Sait-il seulement quelles sont ses forces ? les a-t-il jamais essayées sous un regard intelligent et paternel ? Le hasard décide de ses destinées. Et cependant, que d'intelligences d'élite qui s'ignorent! Vous avez laissé dormir sous la cendre, durant toute une vie, un foyer fécond de lumières; et qu'aurait-il fallu pour l'allumer? un souffle ami. Combien de fois des dons précieux, intellectuels ou physiques, n'ont été révélés que par le hasard à celui qui les possédait! Hercule aurait-il appris à se servir de la massue, s'il n'eût jamais manié qu'un roseau?

§ III. — Un moyen de découvrir les talents cachés et d'en apprécier la valeur.

Un professeur de droit naturel explique à ses élèves

les devoirs et les droits du père de famille, et les obligations auxquelles un fils est tenu. Voulant connaître la moyenne des talents de son jeune auditoire, voici comment il tente l'expérience :

« Vous semble-t-il que les sentiments du cœur nous disent quelque chose relativement aux devoirs dont nous venons de parler? Les lumières de la philosophie sont-elles d'accord avec les inspirations de la nature? » A cette question, les plus médiocres élèves sauront répondre : qu'un père aime naturellement son fils, un fils son père; et qu'ainsi, nos sentiments se trouvant confondus avec nos devoirs, les premiers aident à l'accomplissement des seconds. Jusque-là, entre des élèves intelligents, point de différence. Mais le maître ajoute :

— Que pensez-vous d'un fils qui méconnaît ces lois saintes de la famille, et répond par l'ingratitude à l'amour que ses parents ont pour lui?

— Qu'il viole un devoir sacré; qu'il ferme l'oreille à la voix de la nature, etc.

— Toutefois, comment se fait-il que les fils se rendent si souvent coupables envers leurs parents; tandis que ceux-ci n'ont, pour l'ordinaire, à se reprocher qu'un excès d'indulgence?

— Les hommes oublient facilement le bien qu'ils ont reçu. A mesure que les jeunes gens avancent dans la vie, ils sont distraits de ce devoir sacré par mille occupations diverses. Les affections nouvelles qui s'engendrent en eux, lorsqu'ils deviennent à leur tour chefs de famille, neutralisent l'affection qu'ils portent à leurs parents, etc. — Ainsi, chacun signalera quelque raison, plus ou moins prise dans le sujet, plus ou moins solide, mais sans pénétrer au cœur de la question. Écoutez maintenant une intelligence d'élite :

« Il n'est que trop vrai, les fils manquent souvent à ce qu'ils doivent à leurs parents ; mais, si je ne me trompe, il nous faut chercher la raison de ce fait douloureux dans la nature même des choses. Plus l'accomplissement d'un devoir est nécessaire à la conservation des êtres, à l'ordre qui les régit, plus nombreuses aussi sont les garanties données par le Créateur à l'accomplissement de ce devoir. La famille, la société, se perpétuent, malgré l'inconduite des fils ; mais, du jour où les pères négligeraient de rendre à leurs enfants les soins qui leur sont indispensables, l'espèce humaine serait en péril. C'est pourquoi les fils, même les plus reconnaissants et les plus tendres, n'ont jamais pour ceux à qui ils doivent la vie la tendresse ardente que ceux-ci ont pour eux. Sans doute, le Créateur aurait pu établir, des deux côtés, même attachement, même amour passionné ; s'il ne l'a point fait, c'est que cela n'était pas nécessaire. Chose remarquable ! La mère ayant besoin de porter en elle un foyer plus ardent de cet amour, pour contrebalancer les ennuis de la maternité, les dégoûts des premiers soins à donner à l'enfance, et l'enfant ayant un besoin plus grand des soins de sa mère, celle-ci pousse quelquefois sa tendresse jusqu'à la frénésie. Donc, si les fils manquent à leurs devoirs envers leurs parents, ce n'est point qu'ils aient dégénéré ; car, devenus pères à leur tour, ils aimeront comme ils ont été aimés. C'est que l'amour filial est moins intense que l'amour paternel ; c'est qu'il exerce un moindre ascendant sur le cœur, qu'il s'amortit avec plus de facilité, qu'il brave moins facilement les obstacles ; c'est qu'il a sur nos actions une influence moins active. L'amour ne remonte pas. »

Les premières réponses appartiennent à des jeunes gens intelligents ; celle-ci nous révèle le philosophe. Ainsi, parmi de jeunes arbustes, l'on distingue à sa précoce vigueur le chêne, dont les rameaux doivent un jour ombrager la forêt, et dont le tronc puissant défiera les tempêtes.

§ IV. — Nécessité des études élémentaires.

Quiconque veut posséder une science à fond doit s'imposer le noviciat des études élémentaires. Nous connaissons la valeur et le poids de ces savants qui prennent au jour le jour, dans les dictionnaires, dans les revues, le talent de parler de toutes choses sans avoir rien appris.

Toute science, comme toute profession, repose sur un ensemble de notions premières, de termes, de locutions, de principes qui lui sont propres, et que l'on ne peut apprendre que dans les ouvrages élémentaires et spéciaux. A défaut d'autres considérations, celle-ci suffirait pour nous montrer les inconvénients de toute autre méthode. Ces premiers principes, ces locutions, ces termes consacrés, il est bon de les aborder avec un certain respect. C'est dans le domaine de la science surtout que le passé a droit à notre vénération. Que si le nouveau venu se défie de ses prédécesseurs; s'il vise à réformer, ou même à transformer radicalement la science ou l'art qu'il étudie, il fera toujours sagement de s'enquérir de ce qu'ont écrit et pensé les anciens. L'entreprise de tout créer par soi-même est téméraire. Celui qui, par un sot orgueil, refuse de s'aider des travaux d'autrui, s'expose, au moins, à perdre beaucoup de temps. Souvent, le mécanicien le plus habile a fait son apprentissage dans l'atelier d'un modeste artisan où, malgré ses dispositions brillantes, il ne laissait pas d'apprendre les noms et le maniement des instruments de travail qui lui étaient offerts. Avec le temps, il les modifiera peut-être; il en changera la matière, la forme, le nom; mais, en attendant, il les accepte tels qu'ils sont; il s'en sert jusqu'à ce que la réflexion, jusqu'à ce que l'expérience lui signalent, avec leurs défauts, les perfectionnements dont ils sont susceptibles.

Dans les mains de ceux qui commencent l'étude de l'histoire, on met un abrégé. Dans la préface du *Discours sur l'Histoire universelle*, l'évêque de Meaux fait à ce sujet une comparaison remarquable. « Cette « manière d'histoire universelle est, à l'égard des « histoires de chaque pays et de chaque peuple, « ce qu'est une carte générale à l'égard des cartes « particulières. Dans les cartes particulières, vous « voyez tout le détail d'un royaume ou d'une pro- « vince en elle-même; dans les cartes universelles, « vous apprenez à situer ces parties du monde dans « leur tout; vous voyez ce que Paris ou l'Ile-de- « France est dans le royaume, ce que le royaume « est dans l'Europe, et ce que l'Europe est dans l'u- « nivers. »

La comparaison de la mappemonde avec les cartes particulières s'applique parfaitement à l'étude des sciences. Chaque science, en effet, forme un tout qu'il faut posséder, si l'on veut apprécier la valeur des détails qui la composent; sorte de cadre dans lequel on coordonne chaque partie, en lui assignant sa valeur et sa place. Il est vrai que les idées d'ensemble sont presque toujours incomplètes et souvent inexactes; mais cet inconvénient est moins grave que celui de marcher à tâtons, sans point d'appui, sans aucune notion, sans un guide qui nous éclaire.

Les œuvres élémentaires, nous dit-on, ne sont que le squelette de la science. J'en conviens ; mais, tout hideux qu'il est, il nous épargne un pénible travail, ne serait-ce que celui de le composer nous-mêmes. A nous donc de corriger ses défauts, de le revêtir de nerfs, de muscles, de lui donner la forme, la chaleur, le mouvement et la vie !

Entre un homme qui sait, après avoir étudié les principes d'une science, et celui qui prend, pour ainsi dire, sa science au vol, la différence est grande et facile à saisir. L'un se distingue par la netteté de ses idées, par la propriété du langage ; l'autre peut briller quelquefois par la variété, par l'à-propos, par le choix de ses connaissances ; mais, à la première difficulté, sa science d'emprunt s'évanouit, et de honteuses chutes trahissent le secret de son ignorance, la vanité de son savoir.

CHAPITRE XVIII.

L'INVENTION.

§ I. — Ce que doit faire celui qui n'est pas doué du talent créateur.

Je crois m'être suffisamment étendu sur les diverses méthodes d'enseignement; passons à la méthode d'invention.

A la jeunesse succède l'âge mûr; aux études élémentaires succèdent aussi des études plus profondes, plus étendues. Parvenu à l'indépendance, l'homme peut tenter de plus hautes entreprises, des chemins moins battus. Que s'il n'a point reçu de la nature le talent créateur, il devra sans doute s'en tenir à la méthode élémentaire, mais toutefois en élargissant le cadre de ses travaux. Il trouvera ses guides et ses modèles dans les œuvres magistrales. Eh! que l'on ne croie point qu'il soit condamné pour cela à un servilisme aveugle; qu'il ne puisse s'enhardir jusqu'à se mettre en désaccord avec l'autorité des maîtres. Dans la milice littéraire et scientifique, la discipline n'est pas sévère à ce point. Un soldat peut adresser des observations à ses chefs.

§ II. — Autorité scientifique.

Il faut classer parmi les exceptions rares les hommes capables de dresser seuls une bannière et de la porter en avant. Mieux vaut s'enrôler comme soldat sous un habile capitaine, que d'aller, misérable guérillero, affectant l'importance d'un général d'armée.

Suis-je donc, en matière scientifique et littéraire, un apôtre intolérant de l'autorité ? Ce qui précède doit avoir prouvé le contraire. Je ne fais que signaler une nécessité de la plupart des intelligences. Le lierre, attachant au chêne sa tige frêle, s'élève avec lui dans les airs ; il rampe, s'il est isolé. Au reste, notre observation ne changera rien au cours des choses ; elle est moins un conseil que la constatation d'un fait. Je dis un fait ; car, malgré nos prétentions à l'indépendance, nous ne saurions nier qu'une grande portion de l'humanité ne marche, qu'elle n'ait toujours marché sous la conduite de quelques chefs qui, selon leurs passions, la poussent dans le chemin de la vérité ou dans celui de l'erreur.

Ce fait est de tous les pays, de tous les siècles. Il est indestructible parce qu'il a sa cause dans la nature même de l'homme. Le faible sent la supériorité du fort et s'humilie devant lui. Le génie n'est pas le patrimoine héréditaire de l'espèce humaine, il est le privilége de quelques-uns. On l'a remarqué; les masses vont naturellement au despotisme; sentant d'instinct leur impuissance à se conduire elles-mêmes, elles se donnent un maître. Or, ce qui se passe à la guerre et dans la politique, nous le voyons se passer également dans le monde des lettres. Il y a là aussi une foule, le vulgaire, la masse, enfin, qui, livrée à elle-même, se rallie autour des plus éloquents et des plus habiles. Cette plèbe, comme celle des antiques champs de mai, se laisse aller à l'enthousiasme; elle acclame les chefs qu'elle aime, et dit comme elle : « Ton savoir est plus grand que le nôtre, tu seras « notre roi ! »

§ III. — *L'autorité scientifique s'est modifiée de nos jours.*

A mesure que la presse vulgarisait la science, on a pu croire que le phénomène dont nous parlons tendrait à disparaître ; il s'est modifié, voilà tout. Lorsque les chefs étaient peu nombreux, que l'autorité se concentrait dans quelques écoles, les intelligences disciplinées sous une autorité commune se partageaient, comme des armées, en deux ou trois camps rivaux. Aujourd'hui, les choses se passent d'une autre manière : écoles et chefs sont en plus grand nombre; la discipline s'est relâchée; les soldats passent d'un camp dans l'autre; il y a l'avant-garde et les trainards ; il y a les enfants perdus qui engagent des escarmouches sans instructions et sans ordres de leurs chefs; plus d'armée en apparence; chacun se fraye son chemin. Mais ne vous y trompez pas; malgré ce désordre, les cadres existent. Chacun reconnaît les siens, et dans une déroute les vaincus sauraient au besoin se replier sur le corps principal chargé de couvrir la retraite.

Peut-être même, après examen, trouverions-nous que les chefs ne sont guère plus nombreux qu'autrefois. Dressez un tableau des sciences et des lettres; que voyez-vous dans chaque genre? Une bannière, un homme, un seul homme qui la porte, et comme dans le passé, comme toujours, la foule se précipitant sur ses pas.

Au théâtre, dans le roman, voyez : derrière quelques rares *notabilités* se presse la cohue des imitateurs. La politique, l'histoire, la philosophie ont leurs maîtres dont tout le reste adopte servilement et le style et les opinions. Les écoles philosophiques de *l'indépendante* Allemagne ne sont-elles point aussi tranchées, aussi distinctes que le furent autrefois celles de saint Thomas, de Scott et de Suarez? Si les philosophes universitaires sont, en France, les humbles disciples de M. Cousin, M. Cousin lui-même, à son tour, qu'est-il autre chose que le successeur de Hégel et de Schelling? Quelques emprunts aux ouvrages de M. Guizot ou de tel autre chef d'école, n'est-ce point là le bagage scientifique de la plupart de ceux qui prétendent enseigner la philosophie de l'histoire ; comme les œuvres de Filangieri, de Beccaria, de Benjamin Constant, de Bentham, forment tout le fond des professeurs de législation, des professeurs de droit naturel et des utilitaires.

Reconnaissons ce fait, trop saillant pour qu'il soit possible de le nier ou de le méconnaître. Ne nous flattons pas de détruire un instinct plus fort que notre volonté, plus fort que nous-mêmes; mais, autant qu'il se peut, sachons neutraliser en nous ses influences mauvaises. Si l'insuffisance de nos lumières nous force à recourir aux lumières d'autrui, que notre soumission soit intelligente ! N'abdiquons point notre droit d'examen. Le génie de l'homme, quelque grand qu'il soit, est faillible. Défions-nous de l'enthousiasme, et n'ayons garde d'accorder à la créature, de lui attribuer ce qui n'appartient qu'à Dieu.

§ IV. — Le talent d'invention. Carrière du génie.

A l'homme qui peut se suffire à lui-même, qui, dans l'examen des œuvres des grands maîtres, loin de se sentir comme un pygmée parmi des géants, se dit avec confiance : Je serai l'un d'entre eux, leur égal ; à celui-là convient d'une manière particulière la méthode d'invention. Qu'il ne se borne point à *savoir les livres;* qu'il *connaisse les choses.* Les chemins battus ne sont point faits pour lui. Il en est d'autres qui le mèneront plus vite et plus haut. Idées, propositions, raisonnements, il doit tout discuter, tout analyser, tout soumettre à son examen. Que sa science ne soit point de souvenir, mais une science d'observation, de pensée, de création; qu'elle soit sa propre substance !

Les règles à suivre, nous les avons données. Il est inutile, impossible même d'entrer dans les détails. Tracer au génie son chemin, ou prétendre circonscrire dans quelques gestes les expressions, les nuances infinies de la physionomie humaine, serait une même entreprise. Lorsque vous voyez l'homme de génie s'élancer comme un géant dans sa carrière, point de vaines paroles, point de stériles conseils ! Dites-lui seulement : « Image de la Divinité, remplis « tes destinées; mais n'oublie pas ton principe et ta « fin ! Tu déploies la voile et ne sais où tu vas; lève « tes yeux au ciel, et demande-le à celui qui t'a fait; « il te montrera sa volonté : *La volonté de Dieu !* Là « est ta grandeur; là est ta gloire! »

CHAPITRE XIX.

L'INTELLIGENCE, LE CŒUR ET L'IMAGINATION.

—

§ 1. — Employer à propos chaque faculté de l'âme. Didon, Alexandre.

J'ai dit au chapitre XII que, dans certains cas, il était nécessaire, pour arriver au vrai, de déployer à la fois plusieurs facultés différentes, parmi lesquelles j'ai nommé le sentiment. Nous le devons, en effet, lorsqu'il s'agit de vérités ayant quelque rapport avec cette faculté, comme le beau, le sublime, etc. Mais on comprend que cette observation ne saurait s'appliquer aux vérités d'un autre ordre, aux vérités qui ne relèvent en rien de la faculté de sentir.

Si je veux apprécier les beautés que Virgile a semées dans l'épisode de Didon, ce n'est point le raisonnement que j'appelle à mon aide, mais le sentiment, l'imagination; tandis que, pour juger sous le rapport moral la conduite de la reine de Carthage, j'impose silence à ces deux facultés, et j'applique froidement, à l'aide de la raison, les principes éternels de la vertu.

Je lis dans Quinte-Curce la vie d'Alexandre; je

vois avec admiration le héros macédonien s'élancer intrépidement dans les eaux du Granique, vaincre à Arbelles, anéantir les armées du grand roi, et soumettre en courant l'Orient à sa puissance. Il y a dans ces faits une grandeur, un éclat, que je n'apprécierais point si je fermais mon âme à tout sentiment. Est-ce au moyen de l'analyse que nous pourrions estimer à sa valeur cette narration sublime du texte sacré :
« Et il advint qu'Alexandre, fils de Philippe, pre-
« mier roi macédonien de la Grèce, étant sorti de
« la terre de Céthim, mit en déroute Darius, roi des
« Perses et des Mèdes, livra de nombreuses ba-
« tailles, fit la conquête de toutes les places fortes,
« et tua, par le glaive, les rois de la terre. Il s'avança
« jusqu'aux extrémités du monde, s'empara des
« dépouilles des nations, *et la terre se tut en sa pré-*
« *sence.* » Lorsqu'on arrive à ces dernières expressions, le livre tombe des mains, l'âme est saisie de stupeur. En présence d'un homme, *la terre se tait;* image grandiose de la puissance d'un conquérant! Analyser ici, discuter, épiloguer, c'est ne point comprendre. Non ; j'oublie la philosophie et ses préceptes; mon imagination s'enflamme; je laisse mon âme sentir; je vois le fils de Philippe sortant de la terre de Céthim, marchant à pas de géant jusqu'aux extrémités du monde; et j'entends, pour ainsi parler, le silence de la terre saisie d'épouvante *se taisant devant lui.*

Mais, si je me propose d'examiner la justice et l'utilité des conquêtes du prince macédonien, je coupe les ailes à l'imagination, j'impose silence à l'enthousiasme; j'oublie le jeune monarque et ses immortels compagnons d'armes, au-dessus desquels il s'élève comme le Jupiter de la fable parmi les dieux qui lui font cortége; je ne vois, je n'écoute plus que les principes éternels de la justice, les droits imprescriptibles de l'humanité. J'écarte ce qui serait un obstacle trop fort à l'impartialité de ma raison; l'auréole du conquérant me cacherait l'agresseur injuste; la gloire effacerait le sang, et je serais tenté peut-être de pardonner au héros qui, parvenu au faîte de la gloire et de la puissance, à l'âge de trente-trois ans, s'étend sur sa couche, connaissant qu'il va mourir : *Et post hæc decidit in lectum et cognovit quia moriretur.* (Mach., l. Ier, ch. 1er.)

§ LI. — Influence du cœur sur la raison. — Causes et effets.

Nul ne met en doute l'influence des passions sur le cœur; je ne chercherai donc pas à démontrer cette vérité trop connue; mais on n'a pas assez observé l'influence qu'elles exercent sur l'esprit relativement à des vérités qui semblent n'avoir rien à démêler avec nos actions. Peut-être, cependant, est-ce un des points les plus importants de l'art de penser; c'est pourquoi je vais l'exposer avec quelque étendue.

L'INTELLIGENCE, LE CŒUR ET L'IMAGINATION. 159

Si notre âme uniquement douée d'intelligence pouvait se mettre en rapport avec les objets extérieurs sans en être affectée, ces objets restant les mêmes, nous les verrions toujours de la même manière. L'œil, le point de vue, la quantité, la direction de la lumière ne changeant point, l'impression ne doit point changer; mais si l'une de ces conditions change, l'impression change également; l'objet devient plus ou moins grand, sa couleur plus ou moins vive; il se modifie ou se transforme en entier. Un rocher en ruine nous apparaît, dans le lointain, comme la coupole d'un majestueux édifice; et tel chef-d'œuvre de l'art, vu hors de portée, n'est, à nos yeux trompés, qu'un roc croulant jeté par le hasard sur les flancs de la montagne.

Il en est ainsi de la vue de l'esprit; les mêmes objets apparaissent sous des aspects divers, non seulement à des personnes différentes, mais à la même personne. En un instant, un voile s'étend sur nos yeux; la scène change, nous sommes transportés dans un autre monde. Tout prend une autre forme, d'autres couleurs. On dirait que les objets ont été touchés par la baguette d'un magicien.

Le magicien, c'est nous-mêmes, c'est notre propre cœur; nous avons changé, voilà pourquoi tout change autour de nous. Quand le vaisseau met à la voile, le port que nous quittons, le rivage, les monuments, les montagnes semblent fuir derrière nous ; rien ne fuit que le navire.

Chose digne de remarque, ce n'est point seulement lorsque notre âme est profondément émue, lorsque les passions sont pour ainsi dire en pleine révolte, c'est presque toujours au milieu d'un calme apparent que ces altérations dans notre manière de sentir ou de juger s'opèrent, altérations d'autant plus dangereuses que les causes qui les produisent sont plus inaperçues. On a divisé les passions en plusieurs classes; mais soit que cette classification philosophique n'ait pas été complète, soit que chaque passion en engendre d'autres, filles ou transformations de la première, à voir les gradations successives, les évolutions, les nuances par lesquelles passent nos sentiments, on dirait les changements à vue d'un spectacle fantasmagorique. Il est des moments de calme et des moments de tempête, des moments d'aigreur et d'autres de bonté, des moments de dureté et de douceur, d'abattement et de fermeté, d'enthousiasme et de dénigrement, de joie et de tristesse, d'orgueil et d'anéantissement ; il est des moments d'espérance et de désespoir, des moments de patience et de colère, de prostration et d'activité, d'expansion et de resserrement, de générosité et d'avarice, de pardon et de vengeance, d'indulgence et de sévérité, de bien-être et de malaise, d'ennui et d'entrain, de gravité et de légèreté, de frivolité et d'élévation, des moments sérieux et d'autres pleins de saillies... Mais quelle erreur est la mienne ! Et qui pourrait compter les modifications que peut subir notre âme ? Moins changeante est la mer, la mer fouettée par l'ouragan ou bercée par les zéphyrs, la mer ridée par les brises du matin, ou immobile sous une atmosphère de plomb, dorée par les rayons du soleil naissant, blanchissante à la lueur de l'astre de la nuit, semée d'étoiles scintillantes, plombée comme le visage de la mort, empourprée de tous les feux du midi, sombre et noire comme la bouche d'une tombe.

§ III. — Un seul jour de la vie.

C'est une belle matinée d'avril ; le soleil se levant à l'horizon nuance des teintes les plus délicates des nuages légers flottants dans l'air, et déploie de toutes parts ses rayons dorés comme la blonde chevelure d'un enfant ; les oiseaux s'éveillent, et chantent au jour sa bienvenue. Tout respire la paix, l'harmonie ; tout parle d'une providence bienfaisante. Un homme contemple cette scène avec une volupté ineffable ; son âme, tranquille, sereine, s'ouvre facilement aux émotions douces et reconnaissantes ; un vent favorable enfle ses voiles ; tous ceux qui l'entourent mettent leur bonheur à lui plaire ; nulle passion violente n'agite son cœur ; le retour de l'aube dans le ciel a seul interrompu son sommeil paisible.

Il ouvre avec distraction un livre pris au hasard dans sa bibliothèque ; c'est une nouvelle comme on en a tant écrit de nos jours. « Un génie méconnu « maudit la société qui n'a pas su le comprendre. Il « maudit la terre et le ciel, il maudit le passé, le « présent et l'avenir; il maudit Dieu, il se maudit « lui-même, et fatigué de ne voir sur sa tête qu'un « soleil morne et glacé, de fouler une terre aride et « désolée, il va mettre fin à son existence. Pour la « dernière fois avant de s'élancer dans l'abîme, il « médite sur la nature, sur les destinées de l'homme, « sur les injustices de la société, etc. »

Absurdes exagérations! s'écrie avec impatience le héros de notre récit. Sans doute, il y a du mal dans le monde, mais il y a autre chose que du mal. Non, la vertu n'est pas bannie de la terre ; il est encore de nobles cœurs, et je le sais: Grâce au ciel, les grands crimes sont l'exception. La plupart de nos erreurs et de nos fautes viennent de notre faiblesse, et d'ailleurs nuisent beaucoup moins à autrui qu'à nous-mêmes. Non! le bonheur n'est pas impossible. Si les infortunes sont nombreuses, il serait injuste de les imputer toutes à la méchanceté de l'homme. La nature des choses donne la raison de ces misères, qui sont loin d'être horribles comme on se plaît à les dépeindre. Cette littérature est fausse à tous les points de vue !

Ainsi disant, il ferme son livre, et chassant les tristes pensées, il s'abandonne aux rêveries douces que le charme du paysage éveille en lui.

Le temps s'écoule; arrive l'heure des affaires. Le jour ne sera pas aussi beau que la matinée semblait le promettre; le ciel s'est couvert. Notre philosophe a dû sortir, la pluie tombe à torrents, et dans une rue étroite et boueuse, un cavalier, peu soucieux des piétons, l'éclabousse en passant. Quoi! ses opinions seraient-elles changées pour si peu? Non! mais déjà la vie n'est plus aussi riante; sa philosophie s'est assombrie comme le ciel. Toutefois, le soleil n'est pas disparu pour toujours, et bien que la vie ait ses chances mauvaises, bien que le philosophe bienveillant de ce matin fasse tout bas des vœux peu charitables pour le malencontreux cavalier, il n'accuse pas encore l'humanité tout entière.

Il se rend auprès d'un ami pour une affaire de la plus haute importance; un malheur ne vient jamais seul; on le reçoit avec froideur, on élude les explications demandées. Il se retire, défiant et chagrin. Ses soupçons ne tardent pas à devenir certitude; il apprend qu'il est la victime d'une trame odieuse, que son ami le trahit. Chacun le plaint, chacun le conseille, mais nul ne vient à son aide; il est d'ailleurs trop tard pour parer au danger!

La perte est immense; la ruine est complète. Toute

espérance est à jamais perdue. Brisé de douleur, il rentre dans sa maison pour s'y livrer tout entier à son désespoir. Le livre qu'il lisait dans la matinée est encore sur sa table; cette vue lui rappelle les premières impressions de la journée. Quelle était ton erreur, se dit-il avec amertume, lorsque dans ta simplicité tu taxais d'exagération les peintures que certains philosophes nous font du monde! Oui, ces philosophes ont raison! Oui, l'homme est un animal dépravé! La société est une marâtre! Bonne foi, vertu, reconnaissance, amitié, mots sonores et vides dont le sens unique est déception. Égoïsme, perfidie, trahison, mensonge, voilà les seules vertus de la terre. Pourquoi la vie nous a-t-elle été donnée? Où donc est la Providence? où donc est la justice de Dieu?

On le voit, de sa douce et judicieuse philosophie, rien ne survit; tout a sombré dans le naufrage de sa fortune et de ses espérances. Et cependant, toutes choses poursuivent dans le monde leur cours accoutumé. On ne peut dire que l'humanité soit devenue pire parce qu'il vient d'éprouver un malheur inattendu. Lui seul est changé; sa manière de sentir n'est plus la même. L'amertume dont son cœur est plein déborde sur son intelligence. Obéissant aux inspirations de la douleur et du désespoir, il se venge du monde en le peignant des plus noires couleurs. Eh! qu'on ne croie point que ce soit mauvaise foi. Il voit les choses maintenant telles qu'il les dépeint, comme dans la matinée il les peignait telles qu'il les croyait voir.

Nous l'avons laissé se posant des questions désespérées, auxquelles il allait sans doute répondre par le blasphème, lorsqu'un ami vient interrompre son monologue.

— J'ai su la trahison tramée contre vous...

— Ainsi va le monde ! Voilà ce que vaut l'amitié !

— ... Et je viens auprès de vous pour en détourner les effets. J'en ai les moyens, écoutez : La nouvelle du malheur qui vous frappe m'est parvenue au moment où je traitais une affaire importante. J'ai sur-le-champ retiré mes fonds ; vous les accepterez. Eh ! voyez, l'exemple du bien est contagieux comme celui du mal. Mes amis m'ont à leur tour offert leur assistance. Nous avons étudié l'affaire ; ne perdez pas de temps. Prévenez, par votre activité, les menées de votre ennemi. Vous trouverez dans ce portefeuille les sommes nécessaires. Adieu.

Le portefeuille tombe auprès du livre fatal, et de nouveau tout prend une face nouvelle. Non, la vertu; non, l'amitié, le désintéressement, ne sont pas des mots vides et sonores ! Demain, le soleil se lèvera pur et radieux, les oiseaux chanteront la bien-venue de l'aube dans l'air frais du matin. La Providence aura des sourires, la vie des espérances. En un jour, la philosophie d'un homme, philosophie mobile comme les événements et comme son cœur, a décrit un cercle tout entier. Comme les astres dans le ciel, après leur révolution, la voilà revenue à son point de départ

§ IV. — Une opinion politique.

Une élection vient d'avoir lieu, dans laquelle les forces musculaires autant que la vigueur du raisonnement ou des convictions politiques ont eu (telle est du moins l'opinion du parti vaincu) la meilleure part. La sonnette du président a vainement lutté contre des voix de stentor et des poitrines de bronze; on a vu les discussions dégénérer en pugilat. Notre héros n'appartient pas au parti vainqueur, il a dû fuir et se cacher. Toutefois, gardez-vous d'accuser son courage. Il est des lois de prudence, il est un décorum qu'un galant homme ne doit jamais oublier.

Son amour-propre, ses espérances, ont été froissés. Le drapeau libéral qu'il portait haut en entrant aux comices a déteint sous la tempête populaire, comme ces étoffes de médiocre valeur qui ne peuvent supporter l'épreuve de l'eau. « Ceci est une triste comédie; nous redevenons barbares, dit-il de l'air d'une conviction profonde. Il n'est de salut pour nous que dans une main de fer. Le despotisme a ses inconvénients, je le sais, mais entre deux maux, il faut savoir choisir le moindre. Le gouvernement représentatif, gouvernement de la raison éclairée et de la volonté libre, je l'admire dans le pays d'Utopie ou dans les pages d'un journal. En réalité, il ne profite qu'à l'intrigue, à l'impudence, à l'audace. Je suis désabusé. »

Par suite des troubles l'état de siége est déclaré; la force militaire règne. L'émeute rentre dans l'ombre, et la cité recouvre le repos. Notre électeur reprend ses habitudes pacifiques; la sécurité renaît; il oublie insensiblement le tumulte des élections, les voix de stentor qui ont étouffé la sienne, et les dangers qu'il a courus.

Sur ces entrefaites, il est forcé de faire un voyage. On ne délivre les passeports qu'avec difficulté. L'autorité militaire occupe la maison de ville. La consigne est sévère; à la porte d'entrée ces mots : *On ne passe pas !* prononcés d'une voix rude par la sentinelle, l'arrêtent brusquement. Il s'explique, il parlemente, il pénètre enfin dans l'intérieur. L'heure le presse, il demande avec instances qu'on l'introduise auprès de l'officier public. N'a-t-il point droit à quelques faveurs, lui, l'ami de l'ordre, le défenseur zélé du pouvoir! Mais les employés inférieurs, qui mesurent leur politesse à l'importance qu'ils se donnent dans les temps de crise, répondent sèchement : « Attendez votre tour. »

Son tour arrive; le magistrat l'accueille avec défiance. Les chefs de la dernière émeute sont activement recherchés. Pourquoi quitter la ville? Le magistrat le presse de questions, lui délivre enfin un passeport d'un air froid, baisse la tête, et ne daigne pas répondre au salut que le voyageur lui adresse en partant.

Il n'importe. Les ennuis que nous venons de décrire, cette dernière scène même, n'ont point modifié ses convictions politiques; non ! Mais que sais-je! Peut-être ne retrouverions-nous plus en lui le même goût décidé pour le pouvoir absolu. Écoutez-le :
« Il est bon dans un gouvernement de faire la part
« de la dignité humaine ; on ne peut nier que le
« despotisme n'ait une certaine raideur qui se fait
« sentir jusque dans les rouages de l'administra-
« tion, etc. »

Par malheur, le magistrat avait porté ses soupçons très loin; dénoncé par lui comme un homme suspect, notre héros, au moment de monter en voiture, est arrêté, conduit en prison, mis au secret, et, malgré les fortes présomptions d'innocence qu'élèvent en sa faveur un extérieur décent, un embonpoint respectable, et l'apparence la plus débonnaire, il y passe plusieurs jours. Il n'en fallait pas tant pour battre en brèche, pour ruiner de fond en comble ses opinions nouvelles déjà fortement ébranlées. La brutalité de son arrestation, l'ennui des interrogatoires, l'air et l'ombre de la prison font reverdir à vue d'œil son libéralisme mourant. Il étudie les droits de l'homme ; il hait l'arbitraire, il abhorre le pouvoir absolu, il fait des vœux ardents (quoiqu'avec discrétion et tout bas) pour que la liberté individuelle, pour que la constitution deviennent enfin une vérité.

Sa foi politique est aujourd'hui très vive ; sera-t-elle de longue durée ? Attendons ; — attendons une émeute, les cris de la rue, des élections nouvelles, un échec à son amour-propre ; jusque-là comptez sur lui.

§ V. — Se prémunir contre l'influence que le cœur exerce sur le jugement.

Les dispositions de l'âme influent puissamment sur la raison. Il importe de ne l'oublier jamais ; voilà pourquoi si peu d'hommes parviennent à se soustraire à l'esprit de leur temps, à dominer les circonstances particulières qui les pressent, les préjugés de leur éducation, l'influence de l'intérêt personnel ; à mettre leurs actions et même leurs pensées en harmonie avec les prescriptions de la loi divine, à comprendre ce qui s'élève au-dessus de la région du temps, à préférer l'avenir au présent. Ce qui frappe nos regards, l'intérêt ou la passion du jour, de l'heure, du moment, voilà ce qui décide de nos actes et même de nos opinions.

Que celui qui cherche et veut posséder la vérité

s'étudie et se possède d'abord lui-même; qu'il se recueille souvent devant sa conscience, et dise : « Ton âme n'est-elle troublée par aucune passion? Ne cache-t-elle point dans ses replis une affection secrète qui la domine à son insu? Tes pensées, tes jugements, tes conjectures, ne les formes-tu point sous l'influence d'une impression récente qui, modifiant tes sentiments, modifie aussi la forme, la couleur, l'apparence des choses? Penses-tu, vois-tu depuis longtemps de la même manière? N'est-ce point depuis hier que tu penses, que tu vois ainsi, depuis un instant peut-être, depuis qu'un événement favorable ou contraire a changé ta fortune? De plus grandes lumières, de nouvelles preuves te sont-elles acquises ou seulement des intérêts nouveaux? Où s'est fait le changement? dans ta raison ou dans tes désirs? Les jugements que tu portes te paraissent infaillibles aujourd'hui; en te plaçant dans une situation différente, dans un autre temps, jugerais-tu de la même manière? »

L'on peut m'en croire; cette méthode est à la portée de chacun. Il n'en est pas de meilleure pour diriger l'entendement et régler la conduite. Quelquefois, il est vrai, les passions s'exaltent jusqu'à troubler, jusqu'à paralyser la raison; l'homme est alors sous l'empire d'une sorte d'aliénation mentale; les règles seraient inutiles. Mais tel n'est point l'effet ordinaire des passions; le plus souvent elles ne détruisent point, elles offusquent l'intelligence ; il reste au fond de notre âme une lumière affaiblie, vacillante, mais qui ne s'éteint pas. Son éclat se proportionne à notre vigilance ; oui, malgré les plus épaisses ténèbres, au plus fort de la tempête, ce phare de vérité nous indique le port si nous avons appris à réfléchir sur notre position, à douter de nous-mêmes, à ne pas regarder des élans de cœur, des feux follets, comme des guides qui puissent suppléer la raison et nous montrer la route.

§ VI. — Un exemple.

Les passions nous aveuglent ; vérité banale que nul ne songe à contester. Ce n'est donc point la connaissance du principe abstrait et vague qui nous fait défaut, mais l'observation persévérante de l'influence des passions, la connaissance pratique, minutieuse des effets de cette influence sur l'entendement ; et cette connaissance ne s'acquiert que par un long et pénible exercice. Voilà pourquoi j'insiste, pourquoi je multiplie les exemples. Appeler l'attention de l'âme sur elle-même, n'est-ce point toute la philosophie ?

Nous avons un ami dont les belles qualités nous charment ; nous nous empressons en toute occasion d'exalter son mérite ; nous ne pouvons mettre en doute son attachement, il a fait ses preuves. Une fois, cependant, il nous donne un motif de nous plaindre de lui : dès ce moment tout change. Ni son esprit n'est aussi brillant, ni son caractère aussi doux, ni son âme aussi belle, ni son commerce aussi aimable, ni son accueil aussi bienveillant; nous trouvons à reprendre en toutes choses. Le trait qui nous blesse a déchiré le voile, nos yeux enfin se sont ouverts.

Eh quoi! nous étions-nous donc trompés à ce point? non; mais hier, notre amitié nous empêchait de voir des imperfections que notre ressentiment exagère aujourd'hui. Nous n'avions point imaginé que notre ami pût nous refuser un service, témoigner peu d'empressement à nous obliger, oublier dans un moment d'humeur sa courtoisie habituelle. Toutefois, si l'on nous eût interrogés sur la possibilité du fait, avant l'épreuve : « Il est homme, aurions-nous répondu, soumis aux faiblesses de l'humanité; partant la chose est possible. » Pourquoi donc aujourd'hui cette sévérité? Qui ne le voit? nous avons été blessés. Ce qui pense, ce qui apprécie en nous, ce n'est pas la raison éclairée par des faits nouveaux, mais notre cœur irrité, ulcéré; nous croyons juger, nous ne faisons que sentir.

Il est un moyen de juger notre propre jugement. Imaginons que l'offense ne s'adresse point à nous. Les circonstances seront les mêmes, les relations également affectueuses, également intimes entre l'offenseur et l'offensé, n'importe ! nous ne tirerons point, du même fait, les mêmes conséquences. Nous reconnaîtrons les torts de notre ami, nous les lui reprocherons peut-être avec une certaine émotion ; nous aurons découvert dans son caractère un défaut qui nous était resté caché ; mais nous ne laisserons point pour cela d'apprécier ses bonnes qualités ; nous ne le jugerons pas indigne de notre estime ; les liens de notre amitié n'en seront pas moins étroits.

Que si nos changements peuvent avoir pour cause (et nous sommes forcés de le reconnaître) non une erreur, non un défaut, non un tort, non un caprice de notre ami, mais un défaut, un tort, une erreur, un caprice de notre propre cœur, convenons que le sentiment est un fond bien peu solide pour établir nos jugements. Combien de fois il nous suffirait, pour les rectifier, d'étudier les choses avec désintéressement et sang-froid !

§ VII. — Nos jugements en politique.

Nos amis sont au pouvoir ; ils prennent certaines mesures contraires à la loi. « Les circonstances sont
« plus fortes que les hommes, disons-nous à leurs
« adversaires ; un gouvernement ne doit point s'en-
« fermer dans une légalité stérile ; l'acte le plus
« légal peut devenir très illégitime. Il est pour les

« peuples et les gouvernements, comme pour les
« individus, un droit de conservation qui prévaut
« et doit prévaloir sur tous les autres droits. Que
« devient le droit devant la nécessité ? »

Nos amis avouent hautement l'infraction à la loi, invoquant la nécessité. « C'est de la franchise. La
« franchise est le premier devoir d'un gouverne-
« ment. Pourquoi tromper les peuples? Quoi de plus
« immoral, de plus dissolvant qu'un gouvernement
« de fictions et de mensonges ? »

Au contraire, ils éludent la loi par une interprétation dérisoire, ouvertement en opposition avec l'esprit du législateur.

« Tel est leur respect pour le droit qu'ils s'incli-
« nent devant lui, jusque dans les plus extrêmes né-
« cessités. La légalité est chose sacrée ; c'est beaucoup
« que, ne pouvant sauver le fond, le gouvernement
« sauve au moins la forme et déguise ainsi ce que
« l'arbitraire a d'irritant. »

Mais nos adversaires gouvernent : tout change. La violation de la loi devient un crime irrémissible.
« Respect aux lois ! les lois avant tout ! Où irons-
« nous si le gouvernement s'arroge le droit de les
« enfreindre selon ses caprices; tout pouvoir qui
« viole la loi ne justifie-t-il point ses infractions par
« ce mot banal : la nécessité ? »

Avouent-ils franchement l'illégalité : « C'est ajou-
« ter l'insulte au sacrilége. Encore si l'on avait usé

« de quelque dissimulation! mais non! les der-
« niers degrés de l'arbitraire ont été franchis du
« premier pas. On saura désormais à quoi s'en
« tenir. »

Mais ils ont sauvé les apparences en conservant les formes légales. « Il n'est pire despotisme que
« celui qui s'exerce au nom de la loi. L'infraction
« serait-elle moins coupable pour être accompa-
« gnée d'hypocrisie? Lorsqu'en des circonstances
« extrêmes le pouvoir jette publiquement un voile
« sur les tables de la loi, il semble par sa fran-
« chise s'excuser devant le peuple et promettre
« que l'abus ne sera point renouvelé; mais, com-
« mettre des illégalités à l'aide de la loi elle-même,
« c'est profaner, c'est avilir la loi; c'est abuser de la
« bonne foi des peuples, c'est ouvrir la porte à tous
« les désordres! Qui ne respecte pas l'esprit de la
« loi peut tout faire en son nom. Il suffit d'une ex-
« pression douteuse, ambiguë, que l'on interprète à
« son gré, pour violer audacieusement les intentions
« du législateur, etc. »

§ VIII. — Dangers d'une sensibilité excessive. — Les grands talents, les poëtes.

Il est des erreurs tellement évidentes, des jugements si manifestement empreints de passion, qu'ils
ne trompent que ceux qui veulent être trompés. Ce

n'est point là qu'est le danger, mais dans ces erreurs déguisées avec tant d'art qu'il devient presque impossible de les reconnaître. Par malheur, ces erreurs se rencontrent souvent dans la parole, dans les écrits des hommes supérieurs, comme sous des fleurs parfumées le poison qui donne la mort.

Comme ces hommes sont doués d'une sensibilité exquise, les impressions qu'ils reçoivent, vives, profondes, passionnées, décident d'une manière souveraine de la direction de leurs idées et de leurs opinions; leur intelligence pénétrante trouve facilement des raisons à l'appui de la cause qu'ils ont adoptée; ils fascinent le vulgaire et le mènent à leur gré.

Peut-être ne faut-il point chercher ailleurs la cause de l'inconsistance que l'on a si souvent remarquée chez des hommes d'un génie reconnu. Ils adorent aujourd'hui ce qu'ils brûleront demain; l'erreur qu'ils condamnent maintenant, ils la défendaient hier comme un dogme sacré. Dans le même ouvrage, ils associent les propositions les plus heurtées, ou posent des conclusions inconciliables avec les principes établis. N'imputez point à leur intention ces étranges anomalies. Ils ont soutenu le pour et le contre avec la même conviction; et cette conviction, ils la puisaient dans l'exaltation d'un sentiment. Lorsque leur génie se déployait en images, en pensées pleines de grandeur et d'éclat, il était, à son insu, l'esclave du cœur; esclave habile, ingénieux, produisant, au caprice du maître, des œuvres exquises, des merveilles de l'art.

Les poëtes, les vrais poëtes, c'est-à-dire ces hommes doués par le Créateur d'une intelligence élevée, d'une imagination puissante, d'une âme de feu, sont surtout exposés à se laisser emporter ainsi aux impressions du moment. Sans doute, ils planent quelquefois dans les plus sublimes régions de la pensée; sans doute, il ne leur est pas impossible de modérer leur vol et de juger avec prudence et discernement; mais, on ne saurait le nier, la réflexion, une grande force de volonté leur sont plus nécessaires qu'au reste des hommes.

§ IX. — Il est nécessaire d'avoir des idées arrêtées.

Les considérations qui précèdent nous montrent combien il importe d'avoir, sur les choses essentielles, des idées arrêtées, et de nous défier des inspirations irréfléchies et soudaines. On a dit: Les grandes pensées viennent du cœur; ajoutons: Et les grandes erreurs aussi. — Le cœur ne réfléchit ni ne juge: il sent. Le sentiment est un ressort plein de puissance qui met en mouvement et multiplie les facultés de l'âme; lorsque l'intelligence est dans le vrai, lorsqu'elle marche dans la bonne voie, les sentiments nobles et purs augmentent ses forces, accélèrent son élan; comme aussi les sentiments bas et dépravés entravent et faussent l'entendement le plus droit. L'exaltation dans le bien, portée outre mesure, peut elle-même nous jeter en des écarts déplorables.

X. — Devoirs de l'écrivain, du poëte, de l'orateur et de l'artiste.

Nous aurions à développer ici des considérations d'une haute gravité sur l'emploi du talent d'écrire, sur la dignité de l'art en général, et principalement sur la mission élevée des arts qui, se servant des passions comme d'un auxiliaire, réagissent au moyen du cœur sur l'intelligence elle-même. Il est pour la peinture, la sculpture, la musique, la poésie, pour toutes les branches de la littérature des devoirs sévères trop souvent méconnus. *La vérité et le bien :* la vérité pour l'esprit, le bien pour le cœur; tels sont les deux objets essentiels de l'art; tel est l'idéal que les arts doivent offrir à l'homme au moyen des impressions qu'ils éveillent. S'ils oublient leur mission, s'ils ne se proposent que le plaisir, ils deviennent pour l'esprit du mal une arme dangereuse.

Mettre l'art au service des passions mauvaises! Non, ce n'est point pour cela que l'artiste a reçu les priviléges sacrés du génie! L'orateur qui se sert du charme de la parole pour enseigner le mensonge, qu'est-il autre chose qu'un vil empoisonneur? — d'autant plus vil, d'autant plus odieux, que les moyens qu'il emploie sont plus perfides et que l'on peut moins s'en garantir. Lorsque la conviction doit être une erreur, persuader est une trahison. Cette doctrine paraît sévère; elle n'est que vraie. C'est le langage de la raison, de la raison soumise aux prescriptions de la loi éternelle qui est sévère aussi, parce qu'elle est immuable et juste.

Les artistes, les poëtes, les orateurs qui détournent de leur fin les dons qu'ils ont reçus, sont de véritables pestes publiques. Phares trompeurs allumés sur l'écueil, ils égarent ceux qu'ils avaient mission d'éclairer; ils devaient montrer le port, ils mènent à l'abîme.

Les nations modernes n'ont-elles point méconnu leurs véritables intérêts en faisant revivre l'éloquence populaire dont les anciennes républiques ont eu tant à souffrir? Dans les assemblées où se débattent les affaires de l'État, les grands intérêts de la société, nulle voix ne devrait être écoutée que la voix du bon sens, la voix de la raison judicieuse, austère, éclairée. La vérité n'en est pas moins vraie; la réalité des choses n'est point changée, parce qu'un orateur habile, excitant l'enthousiasme, entraîne les votes d'une majorité séduite. Ce que l'on défend, ce que l'on attaque, est ou n'est point utile; la question est là, elle n'est que là; le reste, jeu d'enfants, mais dangereux, dans lequel sont engagés les intérêts les plus graves, trop souvent sacrifiés au vain plaisir de déployer des talents oratoires et d'arracher des applaudissements.

On a observé que les assemblées délibérantes, surtout au début des révolutions, sont très souvent comme frappées d'un esprit d'envahissement et inclinent aux résolutions violentes. Les discussions, d'abord calmes et modérées, prennent tout à coup un biais dangereux; les âmes s'émeuvent, les intelligences s'obscurcissent, l'exaltation s'empare des esprits; elle va jusqu'au délire. Consultez, interrogez en particulier chacun des membres de l'assemblée: à des degrés divers, ils comprennent, ils aiment et cherchent la vérité; comment se fait-il que l'assemblée tout entière ne soit qu'une réunion d'hommes en démence? En voici la raison. L'impression du moment domine tout, efface tout, l'emporte sur tout; cette impression passionnée, ardente, se propage par la sympathie, avec la rapidité du fluide électrique; elle acquiert, dans sa marche, une force irrésistible, et l'étincelle devient en quelques secondes une épouvantable conflagration.

Le temps, les désenchantements, l'expérience et le malheur instruisent quelquefois les peuples. Leur sensibilité, comme celle des individus, s'émousse; la fascination de la parole devient moins à craindre pour eux. Triste remède qui ne guérit le mal que par l'excès du mal. Toutefois, puisqu'il ne nous est point donné de changer le cœur de l'homme, entourons de notre respect ceux qui mettent au service de la justice et de la vérité les armes que tant d'autres ont mises au service de l'erreur et du mal. A côté du poison, la Providence a presque toujours placé l'antidote.

§ XI. — Pensées revêtues d'images. Sources d'erreurs.

Les erreurs de sentiment ne sont pas les seules contre lesquelles nous ayons à nous prémunir; il en est d'une autre espèce, moins redoutées, peut-être, et tout aussi dangereuses : ce sont les pensées revêtues d'images brillantes. On ne saurait dire la puissance des artifices du langage et le danger qu'ils cachent. A l'aide d'un vêtement grave et philosophique, une pensée superficielle acquiert l'apparence de la profondeur. Une vulgarité triviale parvient, sous de nobles atours, à déguiser sa roture; et telle proposition fausse qui, sèchement énoncée, trahirait sur le champ sa fausseté, se place, grâce au voile ingénieux dont on la couvre, parmi les vérités incontestées.

Les écrivains profonds, sentencieux, ou qui visent à la profondeur, offrent souvent le défaut et le danger que je signale. Comme leur parole est écoutée avec d'autant plus d'assentiment et de respect qu'ils paraissent plus profondément convaincus, il suit de là que le lecteur prend pour axiomes inébranlables, pour maximes d'éternelle vérité, ce qui n'est parfois que le rêve du philosophe, un piége tendu à la bonne foi des imprudents.

CHAPITRE XX.

PHILOSOPHIE DE L'HISTOIRE.

§ 1. — Philosophie de l'histoire ; ce qu'elle est ; difficultés de cette science.

Nous envisageons ici l'histoire, non sous le rapport critique, mais sous le rapport philosophique. Les principes qui nous doivent guider dans la recherche des faits ont été exposés au chapitre XI.

La méthode qui présentera avec le plus de clarté et d'exactitude l'esprit, le caractère d'une époque, en la faisant, pour ainsi dire, vivre sous nos yeux; qui précisera le mieux les causes des événements, en nous mettant en état d'assigner à chacune de ces causes son influence propre et ses résultats, voilà, sinon ce que l'on entend par philosophie de l'histoire, du moins ce qu'elle est en réalité.

Ferons-nous consister cette méthode dans le choix des auteurs ? mais quels sont les bons auteurs ? qui nous garantit leur impartialité ? où sont les historiens dont les écrits enseignent ou contiennent la philosophie de l'histoire ? Batailles, négociations, intrigues de palais, vie et mort des princes, changements de dynasties ou de gouvernements, voilà le fonds commun de tous les récits historiques. De l'individu, de ses idées, de ses sentiments, de ses besoins, de ses goûts, de ses caprices, de ses mœurs, pas un mot; rien qui nous introduise au foyer des familles ou dans la vie réelle des peuples. Point de ces regards qui pénètrent et sondent les entrailles d'une société, qui dans la marche des événements saisissent celle de l'humanité tout entière ; jamais un coup d'œil sur ces faits obscurs en apparence qui cachent cependant et signalent, à qui sait les comprendre, les causes des événements les plus considérables. Toujours la politique, c'est-à-dire la surface des choses. Toujours des grandeurs et du bruit ; beaucoup de mots, peu de choses ; beaucoup de récits, peu de pensées et de faits.

De nos jours, on a reconnu ce vide des ouvrages historiques et l'on travaille à le combler. On n'écrit plus une histoire sans philosopher à propos de cette histoire et, le plus souvent, hors de propos. Il arrive, en effet, qu'au lieu de la philosophie des événements nous avons celle de l'historien. Mieux vaut absence de philosophie qu'une mauvaise philosophie. Plutôt que de travestir l'histoire, revenons au système des dates et des noms propres. Il est préférable.

§ 11. — Un moyen de faire des progrès dans la philosophie de l'histoire.

Il faut lire les historiens, et, faute de mieux, ceux que nous avons, malgré ce qui leur manque. Mais cela ne suffit point. Il est une méthode qui mène plus sûrement et plus directement au but : l'étude *immédiate* des monuments. Immédiate, c'est-à-dire qu'on ne doit point s'en tenir à la tradition écrite ou parlée, mais voir de ses yeux.

« Mais ce travail est fatigant; impossible au plus grand nombre; difficile pour tous. » J'en conviens, et toutefois, j'ose affirmer qu'en beaucoup de cas cette méthode épargnera beaucoup de fatigue et de temps. La vue d'un édifice, la lecture d'un document original, un fait, un mot insignifiants en apparence, et restés inaperçus à l'historien, nous en disent plus, nous parlent avec plus de clarté, de vérité, d'exactitude, que les plus longs récits.

Un historien veut peindre la simplicité des mœurs patriarcales; il recueille avec beaucoup de fatigue et de soins des notions, des faits exacts et nombreux sur les temps les plus reculés; il épuise son érudition, sa philosophie, son éloquence à faire ce que l'on appelle une description vraie, un tableau ressemblant de l'époque et des personnages de l'époque... Eh bien, malgré le profond savoir qu'il déploie, j'ai sous la main ce qui vaut mieux encore que ses recherches : les écrivains du temps ; là je vois en action, je prends, pour ainsi dire, sur le fait, les mœurs et les personnages ; et je trouve à la fois instruction et plaisir. La Bible, Homère, voilà mes auteurs.

§ III. — Application de ces principes à l'histoire de l'esprit humain.

Comme les événements extérieurs, l'esprit humain a son histoire. Histoire d'autant plus précieuse à consulter qu'elle doit nous révéler le fond de la nature humaine avec les causes qui peuvent agir sur elle. On a beaucoup écrit sur les diverses écoles qui se sont partagé le domaine de la philosophie, sur le caractère, sur les tendances de l'esprit humain à certaines époques. Ainsi, les historiens de l'intelligence ne manquent pas ; mais, si nous leur demandons autre chose que deux ou trois généralités toujours incomplètes, toujours inexactes ou erronées, force nous sera d'appliquer la règle que nous avons établie : lire les auteurs du temps. Qu'on le remarque bien, je ne dis pas lire tous les auteurs ; cette méthode serait impraticable. Une page, une seule page originale nous peindra plus au vif l'esprit d'un écrivain, l'esprit d'une époque, que l'historien le plus minutieux.

§ IV. — **Exemple tiré de la physionomie de l'homme.**

Un homme studieux peut arriver, sans voir les choses par lui-même, à la connaissance historique. Mais qu'il y a loin de cette connaissance à celle que nous nommerons connaissance *intuitive!* Il *sait*, mais il n'a pas *vu*. Il sera peut-être en état de raconter, il ne saurait peindre. Je vais expliquer ma pensée à l'aide d'une comparaison. On nous parle d'un personnage important que nous ne connaissons point, et curieux de savoir quelque chose de sa figure, de sa manière d'être, nous nous en enquérons auprès de ceux qui l'ont vu. On nous dira, par exemple, qu'il est d'une taille au-dessus de la moyenne, qu'il a le front large et découvert; des cheveux noirs tombant avec une certaine négligence, des yeux grands, un regard pénétrant et vif; le visage pâle, le geste animé et plein d'expression; qu'un sourire aimable se dessine fréquemment sur ses lèvres, sourire qui n'est pas toujours exempt de malice; que sa parole est grave, mesurée, mais que, lorsqu'il s'anime, elle devient rapide, incisive, fougueuse même. Ainsi, pour nous donner une idée aussi rapprochée que possible de la réalité, on nous fait un portrait physique et moral.

Si ces renseignements sont exacts, si le portrait ressemble à l'original, nous avons une idée de la personne, et nous sommes en état de satisfaire, à notre tour, la curiosité d'autrui. Mais notre connaissance est-elle parfaite? Pourrions-nous, d'après l'esquisse, créer une image exactement semblable à la réalité? Supposons, en effet, qu'un peintre de talent cherche à reproduire cette image sur la toile, lui donnera-t-il la ressemblance?

On détaille devant nous la physionomie d'une personne, et notre imagination crée aussitôt une figure que nous croyons calquée sur le modèle. A l'apparition de l'original, les différences sont si grandes que nous sommes forcés de retoucher, dans mille traits essentiels, sinon de refaire en entier, l'œuvre de notre pensée. C'est qu'il est des choses dont on ne peut, à moins de les avoir sous les yeux, se former une idée claire et précise; et ces choses, toutes de nuances, sont très nombreuses, très délicates, insaisissables en détail; leur ensemble forme ce que nous appelons la physionomie. Par quel moyen saisissez-vous les différences qui existent entre deux personnes très ressemblantes? Au moyen de la vue; il n'en est point d'autre. Vous ne sauriez dire en quoi ces deux personnes diffèrent; cependant il y a en elles un je ne sais quoi qui ne permet pas de les confondre; ce je ne sais quoi, vous le voyez, vous ne pouvez le définir.

Voici ma pensée: dans les ouvrages de critique, nous trouvons des descriptions savantes, étendues, scrupuleuses, exactes même, de l'état de l'esprit

humain à certaines époques; et, toutefois, ces époques, malgré les descriptions, nous restent inconnues. Que l'on soumette à notre appréciation des fragments empruntés à des ouvrages, à des temps divers, nous ne saurons ni les classer selon leur date, ni les restituer à leurs auteurs. En vain rappellerons-nous nos souvenirs et les appréciations que nous aurons recueillies à leur sujet, nous n'en serons pas moins exposés à tomber en des équivoques grossières et dans les plus étranges anachronismes. Combien la difficulté serait moindre si nous avions lu, si nous avions étudié les originaux! Peut-être étalerions-nous une érudition moins étendue, une critique moins savante; mais, je l'ose affirmer, nos jugements auraient plus de netteté, seraient plus décisifs. « Le tour des pensées, dirions-nous, le style, le
« langage révèlent un écrivain de telle époque. Ce
« fragment est apocryphe; celui-ci porte le cachet
« d'un autre temps; » et nous irions ainsi, les classant avec certitude, sans crainte de nous tromper, bien que nous fussions parfois hors d'état d'expliquer le pourquoi de nos jugements à ceux qui, comme nous, n'auraient pas fréquenté ces illustres défunts.

« Telle qualité, comment se fait-il que nous ne
« la rencontrions pas ici? et telle autre, pourquoi s'y
« trouve-t-elle en un plus haut degré? » « Il nous
« est impossible, dirions-nous, de lever tous vos

« scrupules ; mais, ce que nous pouvons affirmer,
« c'est que les personnages dont il s'agit nous sont
« parfaitement connus. Comme on dirait : Je ne
« puis me tromper sur leur physionomie; je les ai
« vus souvent. »

CHAPITRE XXI.

RELIGION.

§ I. — Raisonnements insensés des indifférents en matière de religion.

Je ne prétends point donner un traité complet sur la religion; il suffira de quelques réflexions propres à diriger l'entendement dans cette matière importante, et, je l'espère, ces réflexions prouveront jusqu'à l'évidence que les indifférents ou les incrédules sont de mauvais penseurs.

La vie est courte, la mort assurée; rien n'arrête la marche du temps; en peu d'années, tout homme vivant aujourd'hui sous le soleil sera descendu dans la tombe. Il connaîtra par expérience ce qu'il y a de vrai dans les enseignements de la religion sur nos destinées. Ni son incrédulité, ni ses doutes, ni ses invectives, ni ses satires, ni son indifférence, ni son fol orgueil, ne changeront la réalité des choses. S'il est vrai qu'un autre monde existe, où des châtiments attendent le méchant et des récompenses l'homme de bien, il n'en sera pas moins ainsi, bien qu'il plaise à l'homme de le nier; sa négation ne changera rien aux lois éternelles de la justice; elle n'améliorera point le sort qui l'attend. A l'heure fatale, la mort sera là pour lui ouvrir les portes du néant ou de l'éternité. Rien ne peut le soustraire à cette destinée; destinée aussi personnelle que s'il était seul au monde; nul ne mourra pour lui; nul ne prendra pour lui dans l'autre vie la solidarité du bien ou du mal qu'il aura fait. Ces considérations ne donnent-elles point une idée bien haute de l'importance de la religion? de la nécessité où nous sommes de savoir ce qu'elle contient de vérité? Et l'homme qui dit : « Il ne m'importe point de le savoir! vérité ou mensonge, je ne veux pas y songer! » n'est-il pas une créature bien insensée?

Un voyageur rencontre sur sa route un large fleuve qu'il doit franchir. Les gués sont-ils ou non praticables? — Il l'ignore. Des voyageurs arrêtés comme lui sur la rive ont sondé la profondeur des eaux, et sont unanimes à déclarer qu'une mort certaine attend l'imprudent qui tentera la traversée. Question sans importance pour moi! dit l'insensé. — et il se jette, au hasard, dans le fleuve. Voilà l'indifférent en matière de religion.

§ II. — L'indifférent et le genre humain.

La religion a toujours été, elle est encore la préoccupation générale de l'humanité ; rien de plus important aux yeux des législateurs. Les savants l'ont prise pour sujet de leurs méditations, de leurs études les plus approfondies ; les monuments, les lois, les écrits des siècles passés attestent les tendances religieuses de l'esprit humain ; les ouvrages dogmatiques encombrent les bibliothèques, et, de nos jours encore, la typographie ne cesse de les multiplier. Mais, voici venir l'indifférent : « Temps perdu !
« dit-il, questions futiles ! Pour juger, qu'ai-je be-
« soin de connaître ? Vos sages sont des insensés ;
« vos législateurs de faibles esprits ; l'humanité tout
« entière est le jouet déplorable d'une illusion. »
O faiblesse orgueilleuse ! que les sages, que les législateurs de tous les siècles se lèvent et répondant à cet insensé, lui disent à leur tour : « Qui
« es-tu pour nous outrager ainsi, pour mépriser les
« sentiments les plus profonds du cœur, les tradi-
« tions les plus chères à l'humanité. Pour déclarer
« frivole et sans importance ce qui fut, dans tous
« les temps, la préoccupation de la terre entière?

« Qui es-tu ? aurais-tu découvert le secret de vain-
« cre la mort ? poussière que le vent dispersera de-
« main ! espères-tu changer le sort qui t'attend dans

« la région inconnue ? — La récompense ou le châ-
« timent sont-ils pour toi chose indifférente ? Eh !
« s'il existe ce juge dont tu veux chasser la pensée,
« lorsqu'il t'appellera devant son tribunal, lui répon-
« dras-tu : « Que m'importent vos commandements
« et votre existence ? » Avant de te laisser emporter
« à ces paroles insensées, jette un coup d'œil sur
« toi-même, sur ton organisation si délicate que le
« plus léger accident peut altérer et qu'un peu de
« temps va détruire ! — Assieds-toi sur une tombe,
« recueille-toi et médite ! »

§ III. — Passage de l'indifférence à l'examen.

Guéri de son indifférence, convaincu que la religion est l'intérêt le plus pressant de la vie, le penseur devra faire un pas en avant et raisonner ainsi : Est-il probable que toutes les religions ne soient qu'un amas d'erreurs, que la doctrine qui les rejette toutes soit la vérité ?

Dieu ! voilà ce qu'en premier lieu les religions établissent ou supposent. Y a-t-il un Dieu ? l'univers a-t-il été créé ? et par qui ? Lève tes yeux au ciel, promène tes regards sur la surface de la terre ; étudie-toi toi-même ; et voyant partout ordre et grandeur, dis, si tu l'oses : « C'est le hasard qui a fait le monde ; je suis moi-même l'œuvre du hasard ; l'œuvre m'étonne, mais l'ouvrier n'existe point. L'édifice est admirable ; il s'est construit de lui-même et sans architecte. L'ordre règne sans ordonnateur ; le plan a été dressé sans une intelligence pour le concevoir, sans une puissance pour l'exécuter. » Ce raisonnement absurde, que l'on n'oserait appliquer aux plus médiocres ouvrages, on l'admet lorsqu'il s'agit des merveilles de l'univers ! Folie pour les travaux de l'homme ! sagesse pour les grandes œuvres de Dieu !

§ IV. — Il n'est pas possible que toutes les religions soient vraies.

Les religions sont en grand nombre sur la terre et diffèrent beaucoup entre elles. Est-il possible qu'elles soient toutes vraies ? Le *oui* et le *non*, sur le même sujet, peuvent-ils être en même temps la vérité ? Les juifs attendent le Messie ; les chrétiens affirment qu'il est venu sur la terre, qu'il a rempli sa mission. Les musulmans proclament Mahomet un grand prophète ; les chrétiens accusent Mahomet d'imposture. Les catholiques admettent l'infaillibilité des décisions de l'Église en matière de dogme et de morale ; les protestants nient cette infaillibilité. La vérité ne peut être et n'être pas en même temps : les uns ou les autres se trompent. Prétendre que toutes les religions sont vraies est donc une absurdité.

Bien plus ; toutes les religions se proclament descendues du ciel. Celle-là seule, en effet, est la vraie religion qui peut prouver cette origine. Les autres ne sont qu'illusion ou mensonge.

§ V. — Il est impossible que toutes les religions soient également agréables à Dieu.

Est-il possible que toutes les religions, que tous les cultes soient également agréables à la Divinité? Mais la vérité infinie ne peut aimer l'erreur; mais le mal ne saurait plaire à la bonté infinie! Affirmer que toutes les religions sont également bonnes, qu'au moyen d'un culte, quel qu'il soit, l'homme remplit ses devoirs envers Dieu, c'est donc blasphémer la vérité, c'est insulter à la bonté du Créateur.

§ VI. — Il est impossible que toutes les religions soient une invention humaine.

« Filles de l'erreur, toutes les religions, dit l'incré-
« dule, sont des inventions humaines. » — Et l'inventeur, quel est-il? L'origine des religions se perd dans la nuit des temps. Partout où l'homme se montre en société nous voyons apparaître aussitôt un prêtre, un autel, un culte. Quel est donc ce génie inventeur dont le nom s'est effacé de la mémoire des hommes, et dont les générations, sur toute la surface de la terre, se sont transmis les enseignements? Si l'invention a pris naissance chez un peuple civilisé, comment des peuples barbares, comment des sauvages même l'ont-ils adoptée? et, si la barbarie fut son

berceau, comment a-t-elle fait la conquête des peuples civilisés? Vous direz : « La religion est une né-
« cessité sociale; elle date de la naissance des so-
« ciétés. » Mais à qui cette nécessité fut-elle révélée? qui trouva, le premier, les moyens de répondre à cet instinct profond? par qui fut conçu ce système si propre à maîtriser l'homme, à le diriger? Après l'invention, qui donc a tenu dans sa main tous les cœurs, toutes les volontés pour les façonner à sa guise, pour leur communiquer les sentiments, les idées qui ont fait de la religion la respiration de l'âme, et pour ainsi dire une seconde nature?

Les découvertes les plus utiles, les plus nécessaires, restent, durant des siècles, le privilége de certains peuples; elles ne sont transmises, à l'aide des relations, qu'avec une extrême lenteur, même aux nations les plus voisines; pourquoi n'en a-t-il pas été de même de la religion? Comment se fait-il que de cette invention merveilleuse tous les peuples aient eu connaissance, sans distinction de langue, de pays, de mœurs, de climat, de barbarie ou de civilisation?

Ici, point de milieu. La religion procède d'une révélation primitive ou d'une inspiration de la nature. S'il y a révélation, Dieu a parlé; s'il n'y en a point, Dieu a donc gravé le sentiment religieux au fond de notre cœur? Non, non! la religion n'est point une invention humaine; et, bien qu'en différents siècles, en divers pays, cette fille du ciel ait été défigurée, avilie, déshonorée, elle conserve toujours quelque chose de son origine immortelle. Notre âme elle-même garde comme un parfum d'en haut. Au milieu des monstruosités que nous présente l'histoire, les traces d'une révélation primitive sont encore visibles à tous les yeux.

§ VII. — La révélation est possible.

« Dieu a-t-il pu révéler à l'homme certaines vérités ? » C'est demander si celui de qui nous tenons la parole, c'est-à-dire le verbe uni à l'intelligence, est inférieur à l'œuvre de ses mains. Si l'homme a le moyen de communiquer à l'homme ses pensées et ses affections, l'Être infiniment puissant et sage doit aussi pouvoir communiquer avec sa créature, et lui transmettre sa volonté. Il a fait les intelligences, et il ne pourrait les éclairer !

§ VIII. — Solution d'une difficulté contre la révélation.

« Mais Dieu est trop grand pour s'abaisser jusqu'à l'homme et converser avec lui. » Ajoutez alors qu'il était trop grand pour nous créer. La création nous a tirés du néant ; la révélation complète l'œuvre. L'ouvrier a-t-il moins de mérite parce qu'il perfectionne son ouvrage ? Toutes nos connaissances nous viennent de Dieu ; c'est de lui que nous tenons la faculté de connaître, soit qu'il ait gravé les idées dans notre entendement, soit qu'il nous ait donné la puissance de les acquérir par des moyens qui nous sont inconnus. Si Dieu, sans rien perdre de sa grandeur, a pu nous communiquer un certain ordre d'idées, n'est-il pas absurde de prétendre qu'il s'abaisserait en nous transmettant des vérités d'un ordre différent par des moyens surnaturels? Donc la révélation est possible; donc nier cette vérité serait nier la toute-puissance, et jusqu'à l'existence même de Dieu.

§ IX. — Conséquences des précédents paragraphes.

Il nous importe infiniment de connaître la vérité en matière de religion. (Parag. 1 et 2.) Toutes les religions ne peuvent être vraies. (Parag. 4.) S'il y a une religion révélée, celle-là est la véritable. (Par. 4.)

La religion ne peut être une invention humaine. (Parag. 6.) La révélation est possible. (Parag. 7.) Il nous reste à savoir si elle existe, et où l'on doit la chercher.

§ X. — Existence de la révélation.

La révélation existe-t-elle? Constatons d'abord un fait qui, seul, est une présomption puissante en faveur de l'affirmative. Tous les peuples de la terre ont gardé le souvenir d'une révélation : l'humanité n'a pu se concerter pour tramer une imposture. Ce fait ne prouve-t-il point une tradition primitive transmise des pères aux enfants, et qui, bien qu'altérée profondément, bien que défigurée par le temps et les passions, n'a jamais entièrement disparu de la mémoire des hommes ?

« Mais l'imagination n'a-t-elle pu transformer en voix articulées le murmure des vents, en apparitions mystérieuses certains phénomènes de la nature? Ainsi, ces êtres inconnus, conversant avec l'homme et révélant à sa curiosité les mystères des mondes invisibles, ne sont peut-être que des créations de la solitude et de l'isolement. » L'objection est spécieuse; toutefois, il nous sera facile de prouver qu'elle ne résiste pas à l'examen.

Il est possible qu'un homme, en possession de cette idée : qu'il existe des êtres mystérieux et que ces êtres peuvent entrer en relation avec lui, incline à supposer, à croire qu'il entend des voix prophétiques; que des spectres, venus du monde invisible, se sont offerts à ses yeux. Mais, il n'en est pas de même, il n'en saurait être ainsi de l'homme qui ne soupçonnerait même point l'existence des êtres de cette espèce. Dans ce cas, d'où procéderait l'illusion? On ne peut le comprendre.

L'observation nous apprend que les créations de notre cerveau, même les plus incohérentes, sont formées d'une réunion d'images, dont la réalité existe, et dont nous avons été frappés çà et là, en des temps divers. Notre imagination surexcitée ou malade ne fait que les évoquer, les réunir, en former des ensembles bizarres. Les châteaux enchantés des livres de chevalerie, avec leurs châtelaines, leurs nains, leurs vastes salles, leurs souterrains, leurs enchantements, etc., doivent leur existence à cette faculté de l'esprit.— Sur un fonds vrai, à l'aide de détails connus, empruntés au monde réel, le romancier brode des merveilles. Il en est ainsi du fait qui nous occupe. La raison et l'expérience sont d'accord pour attester ce phénomène idéologique. S'il n'a point l'idée d'une vie autre que la vie présente, d'un monde différent du nôtre, s'il ne connaît d'autres vivants que ceux qui peuplent avec lui la terre, l'homme inventera des géants, des monstres, des nains, des gorgones, etc., mais non des êtres invisibles, non des révélations venues du ciel qu'il ne connaît pas, ou des dieux qui l'éclairent et le dirigent. Ce monde nouveau, idéal, purement fantastique restera fermé pour lui, parce que, si je puis m'exprimer ainsi, son esprit manquera de point de départ; et d'ailleurs, admettons, contre toute possibilité, que cet ordre d'idées se fût offert à un individu, comment l'humanité tout entière aurait-elle participé à cette découverte? Vit-on jamais pareille contagion intellectuelle et morale ?

Quelle que soit la valeur de ces réflexions, passons aux faits; laissons ce qui a pu être, examinons ce qui a été.

§ XI. — **Preuves historiques de l'existence de la révélation.**

Une société existe qui prétend être l'unique dépositaire, l'interprète unique des révélations dont le ciel a favorisé la race humaine. Une prétention si haute doit appeler l'attention du philosophe qui cherche la vérité.

« Cette société, quelle est-elle ? — A-t-elle pris naissance de nos jours ! » Elle date de dix-huit siècles, et ces siècles, elle ne les compte que comme une période de son existence. Remontant le cours des âges, déroulant sa généalogie non interrompue, elle rattache son berceau aux premiers jours du monde. Que cette société ait dix-huit siècles d'existence, que son histoire se mêle à celle d'un peuple dont l'origine se perd dans l'antiquité la plus reculée, ce sont des vérités aussi certaines que l'existence des républiques de Rome et de la Grèce.

« Quels titres présente-t-elle à l'appui de sa doctrine ? » Elle est en possession du livre le plus ancien que l'on connaisse ; ce livre contient la morale la plus pure, un système admirable de législation, une histoire pleine de prodiges. Jusqu'à ce jour, nul n'a mis en doute le mérite éminent de ce livre, ce qui doit étonner d'autant plus qu'il nous a été transmis par un peuple dont la civilisation fut loin d'égaler celle de plusieurs autres nations de l'antiquité.

« Cette société n'a-t-elle point d'autres titres pour justifier ses prétentions ? » Indépendamment des témoignages les plus nombreux et les plus imposants, en voici un qui seul pourrait suffire : Elle affirme que la transition de la société antique à la société nouvelle s'est faite comme l'annonçait le livre de ses mystères ; qu'au temps prédit est apparu sur la terre un homme-Dieu qui fut à la fois l'accomplissement de la loi ancienne et l'auteur de la nouvelle loi ; que l'antiquité n'était qu'ombres et figures et que cet homme-Dieu a été la réalité ; qu'il fonda la société que nous nommons Église catholique, lui promit son assistance jusqu'à la consommation des temps, scella de son sang la doctrine qu'il avait apportée à la terre, brisa, le troisième jour après son supplice, les chaînes de la mort, envoya son Esprit comme il l'avait promis, et qu'il doit reparaître à la fin des siècles pour juger le monde.

« Est-il vrai qu'en cet homme se soient accomplies les prophéties antiques ? » Cela est incontestable. On dirait, à lire quelques-unes de ces révélations, le récit évangélique lui-même.

« Cet homme donna-t-il des preuves de sa mission divine ? » Des miracles nombreux l'attestèrent ; et ce qu'il a prophétisé lui-même s'est accompli ou va s'accomplissant tous les jours avec une exactitude merveilleuse.

« Quelle fut sa vie ? » Il passa sur la terre, faisant le

bien; il méprisa les richesses, les grandeurs; il supporta sans murmurer les privations, les outrages, les tourments, enfin une mort honteuse. Sa vie et sa mort furent également au-dessus de l'humanité !

« Et sa doctrine? » Jamais l'esprit humain n'aurait pu s'élever jusque-là. « Sa morale? » Ses ennemis les plus violents sont forcés de lui rendre justice et de s'incliner devant elle.

« Quel changement cet homme a-t-il opéré dans la société? » Souvenez-vous de ce qu'était le monde romain; voyez ce qu'est le monde aujourd'hui. Comparez les peuples chez lesquels n'a point pénétré le christianisme à ceux qui, depuis des siècles, ont vécu sous son influence et conservent encore ses enseignements, bien que chez quelques-uns cet enseignement soit défiguré.

« De quels moyens disposa-t-il? » Il n'avait pas où reposer sa tête; il envoya douze hommes choisis dans les conditions les plus humbles; ceux-ci se dispersèrent aux quatre vents du ciel; la terre entendit leur parole et elle eut foi !

« Cette religion a-t-elle passé par le creuset des persécutions? Quelles ont été ses épreuves? » Le sang de ses martyrs a été la semence des fidèles. La philosophie a épuisé contre elle tous les sophismes, toutes les passions de l'esprit et du cœur. On ne saurait faire un pas sans rencontrer quelque monument des épouvantables luttes qu'elle a soutenues contre les puissants de la terre, contre les sages de ce monde, contre les vices, contre les intérêts, contre les préjugés, enfin contre tous les éléments de résistance qui se peuvent rencontrer ici-bas.

« Quels furent les moyens employés par les propagateurs du christianisme? » L'exemple et la prédication, confirmés par des miracles. Et ces miracles, la critique la plus scrupuleuse n'en saurait ébranler la certitude; elle n'y parviendrait qu'en proclamant le plus grand de tous, la conversion du monde sans miracles.

Le christianisme a compté, il compte encore parmi ses enfants les intelligences les plus élevées, les plus nobles cœurs. La civilisation chrétienne a distancé de bien loin celle des peuples antiques les plus célèbres. Sur aucune religion on n'a tant disputé, tant écrit; les bibliothèques regorgent d'œuvres critiques, dogmatiques, philosophiques, scientifiques, littéraires, œuvres capitales dues à des hommes qui ont soumis humblement leur intelligence à la discipline de la foi. Donc on ne peut accuser le christianisme de n'avoir fleuri que parmi des peuples ignorants et barbares; il a tous les caractères de la vérité; donc, il vient de Dieu.

§ XII. — Les dissidents et l'Église catholique.

Dans ces derniers siècles, les liens de l'unité ont

été rompus parmi les chrétiens ; les uns sont restés attachés à l'Église catholique ; les autres, repoussant certains dogmes, ont cru pouvoir faire un choix dans le christianisme ; mais, en vertu du libre examen, établi par eux comme principe fondamental, principe qui laisse la foi à la discrétion du croyant, ils se sont fractionnés en sectes innombrables.

Où chercher la vérité? Les dissidents datent d'hier ; l'Église montre la succession de ses pasteurs, remontant jusqu'au Christ. Les premiers ont varié, ils varient sans cesse dans leur enseignement et leur doctrine ; l'Église catholique a conservé, conserve encore, une, invariable, intacte, la foi qu'elle a reçue des apôtres. D'une part, la nouveauté, la mobilité, c'est-à-dire le doute et l'angoisse ; de l'autre, l'unité, l'antiquité, c'est-à-dire le repos dans la foi, la consécration pour nos croyances, de la raison des siècles et du respect des aïeux. Bénissons Dieu de la part qu'il nous a faite.

Plus encore : l'Église catholique enseigne qu'elle est seule dépositaire de la vérité ; que seule elle peut guider l'homme dans la voie du salut. Les dissidents reconnaissent que rien, dans les croyances ou les pratiques religieuses des chrétiens catholiques, ne saurait leur attirer l'éternelle condamnation. Les uns n'ont que leur opinion, toute seule, en faveur de la possibilité du salut dans la réforme ; les autres en ont deux, celle de leur Église et celle des dissidents eux-mêmes. La prudence humaine, à défaut de motifs plus puissants, nous conseillerait de rester fidèles ou de revenir à la foi de nos pères.

Cette revue sommaire nous semble contenir la substance des raisonnements que peut faire un catholique, qui, s'étant mis en état de rendre raison de sa foi, veut prouver qu'en suivant les enseignements de l'Église, il est loin de rompre avec la logique et le bon sens. Signalons maintenant certains écueils contre lesquels les esprits inattentifs font trop souvent naufrage.

§ XIII. — Méthode employée par certains adversaires de la religion.

Cette méthode, la voici dans toute sa profondeur et sa simplicité : Prendre un dogme particulier, le séparer de l'ensemble dogmatique auquel il appartient, relever certaines difficultés de détail, et, de ces difficultés, conclure hardiment au doute, ou même à la négation absolue du système religieux tout entier. Manière de procéder qui prouve non moins de présomption que d'ignorance.

En effet, il ne s'agit point de savoir si notre intelligence est à la hauteur des dogmes révélés, ou si nous sommes en état de résoudre toutes les difficultés qu'on peut élever contre tel ou tel dogme. La religion nous avertit elle-même que les secrets de Dieu, les mystères sont au-dessus de notre raison ; que, durant notre court passage sur la terre, nous devons nous résigner à ne voir les vérités qu'à travers des ombres. C'est pour cela qu'il exige de nous la foi.

Dire : « Je ne veux point croire, parce que je ne puis comprendre, » c'est énoncer une contradiction. Si nous comprenions, la foi cesserait d'être une vertu ou même d'être quelque chose. Se faire une arme contre la religion de l'incompréhensibilité de ses dogmes, c'est tourner contre elle une vérité qu'elle reconnaît, qu'elle accepte, et sur laquelle, pour ainsi dire, elle appuie son édifice tout entier. Offre-t-elle des garanties de véracité? Est-elle à l'abri de l'erreur dans ses enseignements? Voilà ce qu'il faut examiner. Établissez l'infaillibilité de la religion, toutes les difficultés s'aplanissent. Si vous ne vous appuyez sur ce principe, vous ne sauriez faire un pas. Un voyageur digne de foi nous raconte des choses que nous ne comprenons point; lui refusons-nous pour cela notre confiance? Non, sans doute. Il en doit être ainsi de l'Église. Nous savons qu'elle ne peut nous tromper; qu'importe que son enseignement soit au-dessus de notre raison?

Si l'impuissance où nous sommes de résoudre certaines difficultés suffisait en toutes choses pour justifier le doute, que pourrions-nous croire? Où serait la vérité? On sait combien il est difficile quelquefois de se dégager des liens d'un sophiste habile. Certains esprits pourraient donc, à leur gré, semer l'incertitude et le doute! La Providence leur aurait donc livré comme un jouet la conscience et la foi du reste des hommes!

Dans les sciences, dans les arts, jusque dans les choses les plus simples de la vie, nous nous heurtons à tout instant contre l'incompréhensible. Doutons-nous pour cela? Nous ne comprenons point tel phénomène, mais des témoignages irrécusables en attestent l'existence; nous baissons la tête, nous souvenant des limites étroites de notre raison.

Rien de plus commun que ces paroles : « Ce que raconte cet homme me semble impossible; cependant il est véridique : il sait ce qu'il dit. De tout autre, j'aurais peine à le croire; mais puisqu'il l'affirme, la chose est vraie. » Et, ce que nous disons d'un homme, nous hésitons à le penser, à le dire de l'Église!

§ XIV. — La plus haute philosophie d'accord avec la foi.

Certains esprits légers se persuadent qu'en refusant de croire ce qu'ils ne comprennent point, ils se placent au nombre des penseurs. Ce travers confirme la parole de Bacon : « Un peu de philosophie éloigne de la religion; beaucoup de philosophie y ramène. » S'ils avaient pénétré dans les profondeurs de la science, ils sauraient que le mot *mystère* est au fond de tout; que la nature nous cache le plus grand nombre de ses secrets ; que les êtres, en apparence les plus faciles à connaître, nous échappent dans leur essence et dans leurs principes constitutifs. Cet univers dont l'immensité épouvante notre intelligence, nous ignorons ce qu'il est ; nous ignorons ce qu'est notre corps, ce qu'est l'esprit qui l'anime ; nous nous sommes à nous-mêmes une énigme dont la foi seule a le mot. Ils sauraient que la science, malgré ses efforts, malgré l'analyse la plus savante, la plus attentive, n'a pu, jusqu'à ce jour, saisir les phénomènes qui constituent et nous font sentir la vie. Ils reconnaîtraient que le fruit le plus précieux de nos recherches, de nos méditations, de nos travaux de toute sorte, c'est une conviction profonde de notre faiblesse et de notre ignorance ; que modérer, selon les conseils de la religion, notre désir de savoir et de connaître ; nous défier des forces et des lumières de notre esprit, est aussi conforme aux leçons d'une saine philosophie qu'à celles de la foi ; ils sauraient enfin que l'enseignement religieux nous élève dès notre enfance en des régions que n'ont pu atteindre, par un travail de plusieurs siècles, tous les efforts de la sagesse humaine.

§ XV. — Celui qui abandonne la religion catholique ne sait où se réfugier.

Nous venons de jalonner la route qui mène à la religion catholique ; voyons ce qui se présente en dehors de cette voie. Au sortir de la foi de l'Église, où irons-nous? Vers laquelle des sectes dissidentes, car elles sont nombreuses? quelles raisons avons-nous de préférer l'une à l'autre? Nous déciderons-nous au hasard? Ce serait témoigner pour toutes un égal mépris. Nous rangerons-nous à la philosophie? Qu'est-ce que la philosophie? Doutes, négations, ténèbres. Adopterons-nous un symbole en dehors du dogme chrétien? Mais lequel? A moins, toutefois, que l'islamisme ou l'idolâtrie ne séduisent notre raison.

Donc, abandonner le catholicisme, c'est abjurer implicitement toute croyance dogmatique; et, cependant, les années s'amoncellent; l'on s'avance dans la vie, sans guide pour le présent, sans lumières pour l'avenir; on arrive au terme fatal, et l'on tombe à l'improviste dans l'abîme sans fond.

Toutes les garanties de vérité que la raison peut offrir à la foi; toutes les garanties de vérité que les besoins du cœur, que nos instincts religieux, que les nécessités individuelles et sociales peuvent donner à la raison, nous les trouvons dans le catholicisme; la loi qu'il nous impose est pleine de mansuétude; elle est juste, droite, en même temps que bienfaisante. Celui qui l'accomplit devient semblable aux anges. Il se rapproche de la beauté idéale, il réalise en lui la plus haute poésie que l'humanité puisse rêver. Cette loi nous console dans nos infortunes; elle nous donne la paix dans les heures difficiles; elle clôt nos yeux dans l'éternel repos; elle nous apparaît d'autant plus indubitable, d'autant plus éclatante de vérité, que nous sommes plus près de la mort. Dans sa bonté, la Providence a voulu placer les inspirations les plus douces, les plus consolantes de la foi sur les bords de la tombe, comme des hérauts, pour nous avertir que nous allons fouler le seuil de l'éternité.

CHAPITRE XXII.

DE L'ENTENDEMENT PRATIQUE.

§ I. — Classification des actes.

J'appelle pratiques les actes de l'entendement en vertu desquels nous agissons. De là deux questions : quelle fin nous proposons-nous dans l'action ? quel est le meilleur moyen d'obtenir cette fin ?

Nous agissons sur la nature matérielle soumise à la loi de la nécessité; de là les arts dans toutes leurs branches. Nous agissons sur la nature morale et douée de libre arbitre; de là des règles de conduite relativement à nous-mêmes et à tous les êtres créés, c'est-à-dire la morale, les devoirs envers le prochain, la famille et l'État.

Les règles que j'ai données sur l'art de penser, en général, me dispensent de traiter en particulier chacun de ces différents sujets. En effet, si l'on s'est bien pénétré de ces règles, l'on doit savoir comment, avant d'agir, on se propose une fin, et comment on trouve le meilleur moyen d'atteindre cette fin. Je vais toutefois, sans sortir des limites que je me suis tracées, ajouter quelques observations pratiques qui, je l'espère, ne seront pas inutiles.

§ II. — Se proposer la fin voulue, n'est pas toujours chose facile.

Je n'entends point parler de la fin dernière, qui est le bonheur dans l'autre vie; la religion nous y conduit. Il ne peut être ici question que des fins de second ordre comme, par exemple : s'établir convenablement dans le monde; bien conduire une affaire; sortir avec honneur d'une position difficile; se préserver des traits d'un ennemi; rompre les fils d'une intrigue; organiser un système politique, administratif ou domestique; détruire des coutumes nuisibles, et autres choses de ce genre.

Au premier abord, il nous semble que tout acte suppose, dans la pensée de l'agent doué de raison qui le produit, une fin déterminée; et, toutefois, l'observation nous apprend qu'ils sont rares, très rares, même parmi les hommes d'action les plus énergiques, ceux qui ne livrent au hasard qu'une partie de leur fortune et d'eux-mêmes.

Nous voyons certains hommes parvenus au faîte de la puissance et de la gloire, et nous supposons qu'en toutes choses ils ont dû suivre un plan sagement prémédité ; nous leur prêtons des projets vastes et profonds, une vue merveilleuse des obstacles, une appréciation pleine de sagacité des moyens dont ils disposent, etc. Quelle erreur est la nôtre! Dans toutes les conditions, dans toutes les circonstances, n'importe l'éclat ou l'humilité de la vie, l'homme reste ce qu'il est, c'est-à-dire une chose très petite et très bornée ; ne se connaissant point lui-même, n'ayant presque jamais une idée vraie de ce qu'il peut, tantôt exagérant sa force et tantôt sa faiblesse ; ne sachant ni où il va ni où il doit aller, vivant en proie au doute et à l'incertitude. Que dis-je ! ses intérêts les plus chers, souvent il les ignore, et son ignorance de ce qu'il peut s'augmente encore de ses incertitudes sur ce qu'il doit désirer.

§ III. — Examen du proverbe : Chacun est fils de ses œuvres.

Il est faux que l'intérêt privé soit un guide infaillible, et qu'il préserve toujours de l'erreur celui qui suit ses inspirations. En ceci, comme en tout le reste, nous marchons dans les ténèbres. N'avons-nous point, quelquefois, travaillé nous-mêmes à notre malheur? Triste expérience qui devrait nous enlever toute illusion.

Cependant le proverbe est vrai : « Heureux ou malheureux, l'homme est fils de ses œuvres. »

Dans le monde moral comme dans le monde physique, le hasard n'est qu'un mot. Le flux et le reflux des choses humaines renversent quelquefois, il est vrai, les plans les mieux concertés, enlèvent le fruit des combinaisons les plus ingénieuses, des travaux les plus méritants, tandis qu'ils favorisent d'autres plans, d'autres travaux, d'autres combinaisons sans valeur; mais cela n'est point aussi commun qu'on le dit ou que l'on semble le croire. Une observation attentive de ce qui se passe dans le monde rectifierait, je l'ose affirmer, bien des jugements trop légèrement formés sur les causes de la bonne ou mauvaise fortune qui s'attache à certaines personnes.

Il n'est pas un malheureux qui, à l'entendre, ne soit la victime des hommes ou du sort. Croyez-vous, toutefois, qu'en étudiant à fond le caractère, les mœurs, le jugement, la conduite du plus grand nombre, leurs habitudes, leurs conversations, leurs relations de famille ou d'amitié, il nous fût impossible de découvrir quelques-unes des causes, sinon toutes les causes de leur infortune?

Nous ne savons voir que l'événement qui décide du sort de la personne, sans réfléchir que ce dernier fait était préparé par beaucoup d'autres faits antérieurs, ou qu'il doit son influence décisive et funeste à la position particulière où le malheureux se trouvait placé par suite de ses erreurs passées, de ses défauts ou de ses fautes.

Il est rare que la bonne ou la mauvaise fortune aient une cause unique. Elles se compliquent le plus souvent d'une infinité de causes d'un ordre très divers. Mais comme on ne peut suivre le fil des événements à travers les formes mobiles et multiples de la vie, on signale comme fait unique, principal ou déterminant, ce qui n'est souvent qu'une simple occasion ; la goutte d'eau dans un vase trop plein.

§ IV. — L'homme haï.

Voyez-vous cet homme pour qui même des amis d'autrefois n'éprouvent plus qu'éloignement ou indifférence ; que ses parents haïssent, qui ne trouve dans la société personne qui s'intéresse à lui, dont le nom soulève une animadversion générale ; l'explication qu'il donne de son isolement, c'est « l'injustice des hommes, c'est l'envie qui ne « peut souffrir l'éclat du mérite ; c'est l'égoïsme uni- « versel qui sacrifie à soi la famille, l'amitié, la re- « connaissance. Il accuse le genre humain de s'être « ligué contre lui, de s'obstiner à méconnaître son « mérite, ses vertus, l'élévation de son esprit et de

« son cœur. » Ce qu'il y a de vrai dans cette apologie, l'apologie elle-même vous le révèlera peut-être ; vous avez remarqué la vanité, l'âpreté, l'emportement qui sont le fond de ce caractère ; joignez à ces défauts l'ardeur de médire, et vous comprendrez la haine des uns, l'éloignement des autres, enfin l'isolement que cet homme déplore trop tard.

§ V. — L'homme ruiné.

Celui-ci, « une bonté excessive, l'infidélité d'un ami, des malheurs imprévus ont ruiné sa fortune, en faisant échouer les combinaisons les plus prudentes, les plus sûres. »

La bonté de son cœur, l'infidélité d'un ami, ses malheurs, tout ce qu'il avance est vrai. Mais ce n'est point là, c'est dans ses conceptions aussi superficielles que rapides ; c'est dans la légèreté de ses jugements, dans sa manière de raisonner spécieuse, mais sophistique, dans son ardeur à former des projets, dans sa précipitation, dans sa témérité, qu'il faut chercher les causes de sa disgrâce. Elles sont assez nombreuses pour qu'il soit superflu de faire intervenir les bonnes qualités. La ruine de cet homme, loin d'être un caprice du hasard, est la conséquence dernière d'une suite de fautes qui la préparaient depuis longtemps. Il eût pu facilement éviter son malheur, prévenir l'infidélité de son ami, se mettre à l'abri des tristes conséquences de cette infidélité, s'il eût été plus discret, s'il eût moins imprudemment placé sa confiance, s'il eût veillé sur lui-même, s'il eût apporté plus de soin, plus de vigilance à ses affaires.

§ VI. — L'homme d'esprit insolvable et le rustre opulent.

« Intelligence, esprit, savoir, il a tout pour lui.
« D'où vient que non-seulement il n'a pas accru,
« mais qu'il a gaspillé sa fortune, tandis que son
« voisin, homme lourd et dépourvu de toute es-
« pèce de culture, a centuplé la sienne. » Hasard, fatalité, mauvaise étoile! Ainsi dit-on, sans réfléchir que l'on mêle d'une façon déplorable les idées les plus opposées; que l'on associe les unes aux autres, que l'on fait dépendre les unes des autres des faits qui n'ont aucun rapport.

Le premier est un homme spirituel et rempli d'instruction; c'est un homme du monde : l'autre, un ignorant, un homme complétement illettré. Mais il s'agit d'affaires, non d'une œuvre d'art; de marchés à conclure, non d'une œuvre littéraire à juger. Je conviens que la parole du premier est plus facile, que ses idées sont plus variées, ses observations plus piquantes, ses répliques plus promptes et plus incisives; mais il n'existe aucun rapport entre cet ordre de choses et ce qui nous occupe, c'est-à-dire l'habileté en affaires. Nous passons d'un fait particulier à des faits tout différents.

Observez avec attention ces deux hommes ; et, je l'ose affirmer, vous ne tarderez pas à reconnaître que la prospérité de l'un comme la ruine de l'autre ont des causes très naturelles.

Celui-ci, j'en conviens, parle, écrit, forme des projets, calcule avec une extrême facilité ; il apprécie tout, répond à tout ; avantages, inconvénients, chances heureuses et contraires, il a tout vu, tout dit, tout prévu : la matière est épuisée.

L'autre a le coup-d'œil, le jugement, la parole moins rapides ; mais en échange, il voit plus clair, plus profondément, avec plus de justesse et de sûreté. Il ne peut opposer calculs à calculs, raisonnements à raisonnements ; mais le tact, le discernement, développés en lui par l'observation, par l'expérience, l'avertissent, pour ainsi dire, d'une manière infaillible. Ses facultés se résument toutes en une seule, le bon sens ; l'esprit n'en est que la contrefaçon brillantée. Il n'importe que le regard de cet homme embrasse un moindre horizon, s'il voit mieux ce qu'il doit voir. Qu'importe qu'il n'ait point une grande facilité de pensées et de paroles, facultés brillantes, mais, en affaires, véritables hors-d'œuvre ?

§ VII. — Observations. L'esprit de sophisme et le bon sens.

La vivacité n'est point la pénétration; l'abondance des idées ne suppose point toujours la clarté des idées, l'exactitude de l'esprit; un jugement trop rapide est justement suspect; le sophisme se cache parfois dans ces longs raisonnements où la subtilité déroute le bon sens et prend insensiblement sa place.

Signaler ces défauts, surtout lorsqu'ils sont revêtus du charme de la parole ou du style, est un travail plein de difficultés. Les ressources de l'esprit sont infinies; certains hommes possèdent des qualités si entraînantes, ils savent présenter les objets avec tant d'art, que souvent le bon sens, le savoir, le jugement le plus sûr, réduits au silence par ces adversaires pleins de séductions, se voient forcés d'en appeler au temps, à l'expérience, pour avoir raison de leurs sophismes.

En effet, il est des choses qui se sentent mieux qu'elles ne se comprennent; il en est qui se voient et ne se prouvent pas. Il est des détails minutieux, des rapports pleins de délicatesse, que l'on ne peut démontrer, qui restent à jamais cachés, s'ils ne sont aperçus du premier coup-d'œil. Il est des perspectives si fugitives, qu'il est impossible de les retrouver, si l'on n'a su les saisir au moment favorable, et pour ainsi dire au passage.

§ VIII. — La pratique seule révèle certains phénomènes intellectuels.

Dans l'exercice de l'intelligence, ou même de toutes les autres facultés de l'âme se révèlent des phénomènes que la parole ne saurait exprimer. Pour comprendre celui qui les éprouve, il faut les avoir éprouvés soi-même; chercher à se rendre intelligible à qui ne les a point sentis, c'est tenter de donner une idée des couleurs à un aveugle de naissance.

Ces phénomènes particuliers et pleins de délicatisse, ces nuances, si je puis m'exprimer ainsi, abondent dans tous les actes pratiques de l'esprit; c'est pourquoi nous ne saurions trop nous garder des abstractions vaines, des systèmes de pure invention. Sachons prendre les choses, non selon nos désirs ou nos rêves, mais pour ce qu'elles sont en effet. Sans cela, les idées que nous nous formons se trouvent toujours en désaccord avec la réalité; nos plans les mieux concertés s'évanouissent en fumée.

Observons encore que dans la pratique, et surtout dans les rapports que les hommes ont entre eux, l'influence de l'entendement n'est point isolée, et que les autres facultés se développent simultanément avec l'entendement. Il n'y a pas seulement communication d'intelligence à intelligence, mais de cœur à cœur. Outre l'influence réciproque des idées, il y a l'influence non moins vive des sentiments.

§ IX. — Les absurdités.

N'oublions point, et cette observation nous sera très utile dans la pratique de la vie, qu'il est des hommes mal doués à qui manquent certaines facultés de l'intelligence. Ils sont, relativement à ceux qui possèdent ces facultés, ce que le malheureux privé d'un ou de plusieurs organes est à l'homme bien constitué.

Qui n'a souri quelquefois des efforts tentés par un esprit de bonne foi sur certaines intelligences fourvoyées? Un homme énonce de sang-froid une absurdité; la discussion s'engage, et vous vous efforcez de prouver, à qui ne peut vous comprendre, une vérité incontestable. Peine inutile! Est-ce le savoir qui manque à votre adversaire? Non, mais le sens commun. Ses dispositions naturelles, ses habitudes l'ont fait ce qu'il est; vous devriez comprendre qu'un esprit capable d'admettre et de soutenir une absurdité n'est pas en état de saisir la force des arguments dirigés contre cette absurdité.

§ X. — Esprits faux.

Il est des hommes dont l'esprit est naturellement défectueux (il le semble du moins), car ils ne voient rien sous un jour véritable. Est-ce folie? est-ce absence complète de jugement? Non. Stériles par excès d'abondance, une insupportable loquacité les caractérise; ils nouent et dénouent avec une facilité extrême des arguments sans valeur; prononcent hardiment sur toutes choses, et presque toujours à faux; que si, par hasard, ils rencontrent la bonne voie, ils passent sans s'arrêter : le sophisme les entraîne. Vous pourrez quelquefois entrevoir dans leurs aperçus certaines perspectives séduisantes, mirages qui les trompent eux-mêmes, parce qu'ils les prennent pour des réalités solidement établies. Le secret de leurs erreurs, le voici : ils ont avancé comme incontestable un fait incertain, douteux, inexact ou complétement erroné; ils ont établi comme principe d'éternelle vérité une supposition gratuite : ils ont pris une hypothèse pour la réalité.

Impérieux, pleins de présomption, n'écoutant rien; sans autre guide que leur raison faussée; entraînés par une ardeur invincible de discuter, de parler; égarés, perdus dans le tourbillon de leurs idées, dans le bruit de leurs paroles, ils oublient leur point de départ; ils ne remarquent point que l'édifice qu'ils élèvent manque de solidité ou même ne porte sur rien.

§ XI. — *Leur incapacité dans les affaires.*

Malheur aux affaires dans lesquelles ces hommes

mettent la main, et souvent aussi malheur à eux-mêmes s'ils sont abandonnés à leur propre direction! Les qualités essentielles d'un esprit pratique sont la maturité, le bon sens, le tact; ceux-ci en sont privés au plus haut degré. Il faut, pour arriver à la vérité, passer des idées aux choses; ils oublient presque toujours les choses pour ne s'occuper que des idées. Dans la pratique de la vie, il importe de raisonner, non sur ce qui devrait ou pourrait être, mais sur ce qui est; ils ne s'occupent point de ce qui est, mais de ce qui devrait ou pourrait être.

Ce qu'un esprit droit voit clairement, l'esprit faux ne sait même pas l'apercevoir. Tel fait hors de doute pour celui-là paraît très contestable à celui-ci. Que le premier pose une question d'une manière simple et naturelle, le second l'envisage aussitôt sous un autre aspect. Ils ne se comprennent point; ils ne pourront jamais s'entendre. L'un de ces deux hommes, frappé d'une sorte de strabisme intellectuel, déconcerte et confond celui qui regarde et voit les objets dans leur direction véritable.

§ XII. — Ce défaut intellectuel naît ordinairement d'une cause morale.

Que si l'on cherche le pourquoi de cette aberration, on le trouvera plus souvent dans le cœur que dans le cerveau. La vanité est le vice dominant de cette sorte d'esprits. Un amour-propre mal entendu les pousse à se singulariser en toutes choses ; et ne voulant ni penser ni parler comme le reste des hommes, ils en viennent insensiblement à se mettre en lutte avec le sens commun.

La constance même de leur opposition prouve que, livrés à leur raison seule, ils rencontreraient plus fréquemment la vérité ; elle prouve que leurs extravagances sont moins des erreurs de jugement qu'un désir ridicule de se singulariser, converti en habitude. Si ce défaut tenait au jugement, ils ne prendraient point la contradictoire sur toutes les questions. Chose remarquable ! Un moyen sûr de les amener à la vérité, c'est de soutenir l'erreur en leur présence.

Je veux que le plus souvent les hommes de ce caractère ne se rendent point compte de leur manière d'être ; qu'ils n'aient point une conscience bien claire de cette inspiration de la vanité qui les subjugue et les dirige ; mais elle n'en existe pas moins. Que s'ils s'en aperçoivent, le mal n'est pas sans remède ; surtout si l'âge, la position sociale, la flatterie n'ont point entièrement perverti leur raison. Souvent, d'amers dégoûts, des humiliations cruelles suivent l'abus qu'ils ont fait de leur esprit. Abattus par l'adversité, instruits par l'expérience et par la douleur, ils ont des intervalles lucides que peut mettre à profit une amitié sincère.

Mais lorsque la réalité n'a pas encore détrompé

leur amour-propre ; lorsque dans l'accès de la passion ces hommes s'abandonnent sans retenue à la vanité de leurs projets et de leurs rêves, ne leur résistez point ; ce serait inutile ; gardez le silence, et, les bras croisés, la tête baissée, attendez avec une impassibilité stoïque que l'avalanche ait passé. Cette froideur produira peut-être de salutaires effets ; le silence enlève tout motif à la dispute ; on ne peut faire d'opposition lorsqu'on n'a plus d'adversaire. Il n'est pas rare de voir ces querelleurs intraitables, ramenés au sang-froid par le silence, rentrer en eux-mêmes et s'excuser de leur vivacité. Esprits ardents, inquiets, vivant de contradiction, ayant besoin de l'éprouver à leur tour, ils s'en dégoûtent lorsqu'elle n'est plus une occasion de lutte ; surtout s'ils viennent à comprendre que loin d'être en présence d'un adversaire résolu, toujours prêt à combattre, ils n'ont devant eux qu'une victime volontaire s'immolant tous les jours à leur triste défaut.

§ XIII. — *L'humilité chrétienne dans ses rapports avec le commerce du monde.*

Vertu qui nous indique les limites de nos forces, qui nous révèle nos défauts, qui ne nous permet point d'exagérer notre mérite, de nous élever au-dessus d'autrui, de rabaisser autrui ; qui nous porte à faire notre profit de tous les bons exemples, de tous les bons conseils ; qui nous enseigne à regarder comme indigne d'un esprit sérieux la recherche des applaudissements, le vain plaisir, la fumée des louanges ; qui ne nous laisse point croire à notre perfection ; qui dessille nos yeux et nous montre ou l'immense carrière qui nous reste à parcourir ou la supériorité de ceux qui marchent devant nous ; l'humilité ! l'humilité qui n'est autre chose que la vérité appliquée à la connaissance de nous-mêmes et de nos rapports avec les hommes et avec Dieu ; guide infaillible au milieu des écueils que l'amour-propre sème sur notre route ; l'humilité, dis-je, vertu pratique par excellence, est non-seulement utile dans les choses de Dieu, mais encore dans les choses de la vie.

Les avantages de cette vertu sont immenses même au point de vue purement humain. L'orgueilleux achète bien cher les satisfactions de son amour-propre. Il ne voit point, l'insensé, qu'il immole le plus souvent à l'idole qu'il a dressée dans son cœur ses intérêts les plus chers, sa réputation, peut-être même la gloire qu'il poursuit avec une ardeur si inquiète.

§ XIV. — Dangers de la vanité et de l'orgueil.

Que de réputations ternies, effacées, sinon perdues, par une vanité misérable ! Combien promptement se dissipe l'espèce d'émotion respectueuse qu'un grand nom nous inspire si, dans celui qui le porte, nous trouvons un homme ne sachant parler que de lui, rapportant tout à lui ! Modeste, on l'eût admiré ; son orgueil indispose, il provoque la satire. L'affectation d'une supériorité, même légitime, a quelque chose d'irritant et de ridicule à la fois ; la sottise est fille de l'orgueil ; l'orgueilleux s'engage en des entreprises désastreuses, il se discrédite et se perd parce qu'il n'a foi qu'en ses propres pensées. Que lui importent les réflexions, le savoir, les enseignements d'autrui ? Trop haut placé désormais, s'il daigne écouter un conseil, il craindrait de s'abaisser en le suivant. De l'empirée élevé par sa vanité, ce faux dieu ne descend plus dans les régions où végètent les humbles mortels.

Voyez ! son front hautain semble menacer le ciel ; son regard impérieux exige le respect ; ses lèvres respirent le dédain ; sur toute sa physionomie déborde un contentement suprême, une confiance intime, absolue, en son propre mérite ; ses gestes affectés, compassés révèlent l'homme plein de lui-même, et qui porte avec une vénération respectueuse et jalouse sa propre supériorité. Il prend la parole : faites silence ! — Que si vous essayez de lui répondre, il vous interrompt et poursuit. Insistez-vous pour avoir votre tour : même dédain, mais, cette fois, accompagné d'un regard impérieux qui impose l'attention. Il se tait, enfin, de lassitude et d'épuisement ; vous voulez saisir l'occasion longtemps attendue d'exposer votre pensée ; vains efforts ! le demi-dieu ne vous écoute pas ; il est distrait ; il adresse la parole à d'autres ; à moins, toutefois, qu'absorbé dans une méditation profonde, les sourcils froncés, les lèvres entr'ouvertes, l'oracle ne se prépare à déployer de nouveau les solennelles merveilles de son éloquence.

Comment un homme si profondément infatué de son mérite ne tomberait-il pas en de grandes erreurs ? Eh, qu'on ne s'y trompe point ! il en est de cette espèce, bien que l'orgueil n'atteigne pas toujours ces proportions déplorables. Malheur à celui qui, dès ses premières années, ne s'accoutume point à repousser la louange, à l'estimer ce qu'elle vaut ; qui ne sait point rentrer en lui-même et se tenir en garde contre les conseils perfides de l'amour-propre ! Lorsque l'âge des affaires et de l'indépendance est venu pour l'homme ; lorsque sa réputation méritée ou imméritée est faite, lorsqu'il a des inférieurs, les amis deviennent moins indépendants, moins sincères, les flatteurs plus nombreux ; livré tout entier à la vanité dont il est désormais l'esclave, il s'abandonne chaque jour plus aveuglément à ses inspirations ; il s'enfonce de plus en plus dans son isolement, dans la confiance absolue en lui-même et dans ses lumières : ce n'est bientôt plus de l'amour-propre, c'est de l'idolâtrie.

§ XV. — L'orgueil.

La vaine gloire ne se révèle pas toujours sous les

mêmes aspects. Chez les hommes d'une trempe forte, d'une intelligence élevée, ce sentiment devient orgueil; il reste vanité dans les esprits et les caractères médiocres. L'objet est le même; les moyens seuls diffèrent; l'orgueil est une sorte d'hypocrisie de la vertu; la vanité a la franchise de sa faiblesse. Flattez l'orgueilleux, il repoussera la louange dans la crainte de nuire par le ridicule à sa renommée. On a dit de l'orgueilleux avec une grande vérité qu'il est trop fier pour être vain. Au fond, il éprouve pour la louange un grand attrait; mais il sait qu'elle cesse d'être honorable lorsqu'on s'en laisse enivrer. Aussi ne nous mettra-t-il jamais l'encensoir à la main; il saura même exiger qu'on le tienne à distance.

Le dieu permet qu'on lui dresse des temples magnifiques; il aime un culte splendide, mais il veut rester caché dans les mystérieuses profondeurs du sanctuaire.

Cette passion, sans doute plus coupable aux yeux de Dieu que la vanité, est toutefois moins exposée au ridicule. Je dis seulement *moins* exposée, parce qu'il est bien difficile que l'orgueil prenne possession d'un cœur sans dégénérer en vanité; la fiction ne se peut prolonger indéfiniment. Se complaire aux louanges et témoigner qu'on les dédaigne, se poser pour objet principal les jouissances de la gloire et feindre des sentiments tout différents : une telle dissimulation est au-dessus des forces humaines. Le voile se déchire tôt ou tard et laisse voir enfin la vérité dans sa nudité honteuse.

L'orgueilleux ne peut donc se confondre avec l'homme vain. Il nous inspire un sentiment plus défavorable encore : comme l'homme vain, il provoque la raillerie, et de plus l'indignation.

§ XVI. — La vanité.

La vanité n'irrite pas, elle fait pitié ; c'est l'aliment quotidien de la satire. Loin de mépriser les autres hommes, le vaniteux les respecte, les admire peut-être, et surtout redoute leurs jugements. Mais il est dévoré de la soif des louanges : ces louanges, il a besoin de les entendre lui-même et sans intermédiaire ; il a besoin de savoir que c'est lui, que c'est bien lui qu'on loue ; de se complaire longuement dans cette suprême jouissance, de se montrer reconnaissant aux âmes bienveillantes qui chatouillent ainsi sa faiblesse, de leur exprimer avec un innocent sourire sa joie intime, son bonheur, sa profonde gratitude. A-t-il fait une bonne action? par pitié, parlez !... qu'il sache qu'elle vous est connue, que vous l'admirez ; ne le faites pas languir ; ne voyez-vous point qu'il brûle d'amener la conversation sur le sujet aimé? Cruel ! qui ne voulez pas comprendre qu'il vous met sur la voie ; qui le forcez, avec vos distractions, à devenir de plus en plus explicite, à vous supplier enfin !

Avez-vous approuvé ce qu'il a fait, dit, écrit ; quelle joie ! Mais, remarquez, il doit tout à l'inspiration, à la fécondité de sa veine ! Appréciez-vous comme il convient ces traits heureux, ces beautés exquises ; de grâce, n'éloignez point vos yeux de ces merveilles ; gardez-vous d'introduire autre chose dans la conversation. Laissez-le jouir de son bonheur ; il n'est ni hautain, ni dédaigneux, ni même exclusif. Que d'autres soient loués, il ne s'en irrite point, pourvu qu'on lui fasse sa part.

Avec quelle complaisance ingénue il raconte ses travaux, ses aventures ! sa parole ne tarit pas, il parle de lui-même ; sa vie est une véritable épopée. Les faits les plus insignifiants deviennent des épisodes du plus grand intérêt ; les vulgarités, des traits de génie ; les dénouements les plus naturels, le résultat de combinaisons profondes. Il ramène tout à lui ; l'histoire de son pays et de son temps n'est qu'un grand drame dont il est le héros ; rien ne lui plaît s'il n'y trouve son nom.

§ XVII. — Dans les affaires l'influence de l'orgueil est plus funeste que celle de la vanité.

Ce défaut n'a point, dans la pratique, les mêmes inconvénients que l'orgueil, bien qu'il soit plus ridicule. Comme il est un attrait pour la louange plutôt qu'une passion de supériorité, il n'exerce pas sur l'entendement une influence aussi malfaisante. C'est le cachet des caractères faibles, comme le prouve l'entraînement avec lequel l'homme vain se laisse aller à son inclination. Loin de repousser les conseils comme l'orgueilleux, il les recherche quelquefois : l'un ne veut rien devoir qu'à lui seul et dédaigne tout honneur partagé ; l'autre accepte de toutes mains, et glane volontiers dans le sillon d'autrui. Quelques flatteries à recueillir après le succès, un parfum de louanges, quel qu'il soit, c'est assez pour sa vaine gloire.

§ XVIII. — Comparaison de l'orgueil et de la vanité.

L'orgueil renferme plus de malice, la vanité plus de faiblesse : l'un concentre les facultés de l'âme, l'autre les dissipe ; l'orgueil peut inspirer de grands crimes, la vanité suggère des petitesses ridicules ; l'orgueil est accompagné d'un sentiment énergique d'indépendance et de supériorité ; la vanité s'allie avec la défiance de soi, et même avec la soumission ; l'orgueil tend les ressorts de l'âme ; la vanité les relâche ; l'orgueil est violent, la vanité caressante ; l'orgueil recherche la gloire, mais avec une certaine dignité, avec hauteur, avec empire : il ne se dégrade pas ; la vanité la recherche aussi, mais avec abandon, avec mollesse, avec une certaine langueur; c'est, si je puis m'exprimer ainsi, l'efféminațion de l'orgueil ; aussi la vanité est surtout particulière aux femmes. L'enfance a plus de vanité que d'orgueil ; l'orgueil est, par excellence, le défaut viril, le défaut de l'âge mûr.

Bien que théoriquement ces deux vices se distinguent par les caractères que nous venons de signaler, il ne faut pas croire, néanmoins, que les formes sous lesquelles ils se montrent, dans la pratique, soient toujours aussi tranchées. Le plus souvent ils sont mêlés, confondus dans le cœur de l'homme, ayant tour à tour, non-seulement leurs époques, mais leurs jours, leurs heures, leurs moments. On dirait deux couleurs à peine distinctes ; seules, certaines nuances, certaines irrégularités, des reflets, des chatoiements particuliers les signalent à des yeux exercés.

A vrai dire, l'orgueil et la vanité ne sont qu'une même chose : la forme, l'apparence changent selon les rayonnements du jour ou les reflets de la lumière; le fond, c'est l'exagération de l'amour-propre, le culte du moi. L'idole se couvre d'un voile ou se présente aux adorations avec un visage affable et riant; mais c'est la même idole, l'homme ! l'homme qui, sur un autel dressé de ses mains, dans son propre cœur, brûle lui-même en son honneur l'encens des louanges, et voudrait voir à ses pieds le reste des mortels.

§ XIX. — Combien cette passion est générale.

On peut l'affirmer, l'orgueil est la plus générale de toutes les passions. A part quelques âmes d'élite, submergées, perdues dans les ardeurs de l'amour divin, il est peu d'exceptions. L'orgueil aveugle l'ignorant comme le sage, le pauvre comme le riche, le faible comme le fort, l'enfant comme le vieillard ; le bonheur, l'infortune, tout plie sous sa loi. Il domine le libertin et trouble le cœur de l'homme austère ; il a planté son drapeau dans le monde, et il se glisse dans les cloîtres les plus humbles, les plus retirés ; il resplendit sur les traits de la femme altière, reine des salons par les talents, par la beauté, par la naissance, et se laisse apercevoir dans la parole timide de la recluse, qui, sortie d'une famille obscure, s'est ensevelie dans une maison de paix, et là, inconnue des hommes, n'attend qu'une tombe ignorée.

Il est des cœurs chastes, des cœurs exempts de cupidité, d'envie, de haine, de vengeance ; mais des cœurs entièrement libres de cette exagération d'amour-propre, qui, selon la forme qu'elle revêt, se nomme orgueil ou vanité, non, il n'en existe pas ! Le savant se complaît dans sa science, l'ignorant savoure sa sottise ; l'homme courageux aime à raconter ses prouesses, l'homme du monde ses aventures ; l'avare vante son économie, le prodigue sa générosité; l'homme léger sa vivacité, l'esprit lourd son aplomb; le libertin s'enorgueillit de ses désordres; l'homme austère se laisse aller avec complaisance à la pensée que des traits amaigris révèlent ses macérations et ses jeûnes.

C'est le défaut universel, c'est la plus insatiable des passions lorsqu'on lui lâche les rênes, la plus insidieuse, la plus habile à se soustraire au joug. Si, par l'élévation, par la maturité de l'esprit, par l'énergie du caractère, l'homme parvient à s'en rendre maître, l'orgueil tourne aussitôt ces nobles qualités contre elles-mêmes : il pousse ce cœur victorieux à se complaire dans la contemplation de ses propres vertus. Que si vous lui résistez avec les seules armes véritablement puissantes, l'abnégation chrétienne, il ne s'avoue pas vaincu; craignez ses trahisons et ses embûches. Il se cache jusque dans l'humilité; le reptile arraché de notre sein se traîne encore et s'enroule à nos pieds : vous lui écrasez la tête, il vous mord au talon.

§ XX. — Une lutte continuelle est nécessaire.

Puisque l'orgueil est une des imperfections de notre humanité, puisque nous devons vivre avec cet ennemi dans une lutte sans repos, ne le perdons jamais de vue; renfermons-le dans le cercle le plus étroit; élevons sans cesse contre lui de nouvelles barrières. Si le mal est incurable, sachons du moins en arrêter les progrès et nous placer à l'abri du dernier malheur. Maître de l'orgueil, l'homme est le maître de lui-même; son jugement se mûrit et se perfectionne; il fait des progrès plus rapides dans la connaissance des choses et des hommes; la gloire elle-même, gloire d'autant plus méritée qu'il la recherche moins, devient souvent le fruit de cette conquête.

§ XXI. — *L'orgueil n'est pas le seul défaut qui nous cache la fin que nous devons nous proposer.*

Pour ne point se tromper dans le choix du but vers lequel on doit tendre, pour se proposer une fin réalisable, il faut, avant toutes choses, se connaître soi-même. Nous l'avons dit, la plupart des hommes marchent à l'aventure, parce qu'ils ne fixent pas à leurs efforts une fin déterminée, ou que celle qu'ils se proposent n'est point en rapport avec leurs moyens. Dans la vie privée comme dans la vie publique, bien connaître ce que l'on peut n'est pas chose facile. L'homme se crée des illusions sans nombre sur l'étendue de ses forces, sur l'usage qu'il en doit faire, sur le moment où il s'en doit servir. Souvent sa vanité les exagère, parfois aussi sa pusillanimité les atténue au delà de la vérité. Son cœur est un abîme de contradictions. Nous élevons avec une extrême facilité d'immenses tours de Babel, dans l'espérance insensée d'atteindre le ciel. Un jour s'écoule : la timidité succède à l'audace, et nous n'osons bâtir même un humble toit de chaume. Véritables enfants, qui tantôt espèrent, en gravissant la colline, toucher de la main la voûte des cieux, et tantôt, prenant pour des étoiles les exhalaisons rampantes et fugitives, les feux follets qui traînent sur le sol, les placent à des distances incommensurables dans l'espace infini. Peut-être ces enfants osent-ils parfois plus qu'ils ne peuvent, mais parfois aussi ils ne peuvent rien parce qu'ils n'osent rien.

Quel est donc ici le moyen d'arriver à la vérité ? Question difficile à laquelle on ne saurait répondre que par de vagues à peu près. L'homme s'ignore lui-même ; comment connaîtrait-il ce qu'il peut ou ne peut point ? L'expérience, dira-t-on. L'expérience est un maître habile ; mais elle ne s'acquiert qu'avec lenteur, et souvent ne donne son fruit qu'au déclin de la vie.

Je ne dis point, il est bon de l'observer, que cette vérité soit hors de notre portée ; au contraire, et, dans plusieurs parties de cet ouvrage, je crois avoir indiqué les moyens de l'atteindre. Je signale la difficulté, non l'impossibilité ; et cette difficulté, loin de nous abattre, doit encourager nos efforts, exciter notre ardeur.

§ XXII. — Développement des forces latentes.

Il est dans l'esprit humain telles facultés qui restent à l'état de forces latentes jusqu'à ce qu'une occasion les éveille et les mette en mouvement. Ceux qui les possèdent ne les soupçonnent même pas. La plupart des hommes descendent dans la tombe sans avoir jamais eu conscience de ce trésor, sans qu'un rayon de soleil se soit réfléchi jamais sur ce diamant pur qu'un hasard heureux aurait pu placer le premier entre les joyaux du plus brillant diadème.

Une scène inattendue, une lecture, un mot quelquefois, une révélation remuent l'âme dans ses profondeurs; aussitôt elle entend comme des voix, elle reçoit comme des inspirations mystérieuses. Froide, insensible, inerte jusque-là; désormais, cratère ouvert et lançant des tourbillons de feu que nul ne soupçonnait en elle. Qu'est-il arrivé ? Un léger obstacle qui empêchait la communication avec l'air libre a été écarté; on a présenté à la masse électrique un corps attrayant, et le fluide s'est élancé : il a jailli avec la rapidité de la pensée.

L'esprit se développe par le contact avec d'autres esprits, par la lecture, par les voyages, par la contemplation des grandes scènes de la nature ou des grandes œuvres de l'art, et, chose remarquable, moins en vertu de ce qu'il reçoit du dehors que des découvertes qu'il fait au dedans de lui-même. Si la faculté qu'une heureuse rencontre a révélée à l'homme se conserve en lui vive et entière, il importe peu qu'il oublie ce qu'il a vu ou entendu, ce qu'il a lu dans les livres. Le foyer est allumé ; il brûle sans s'éteindre : qu'a-t-il besoin de l'étincelle qui a produit l'incendie ?

Une âme inexpérimentée dort du sommeil de l'innocence : ses pensées sont celles de l'ange sous l'œil de Dieu ; ses illusions sont pures comme les flocons de neige que le vent d'hiver amoncèle au flanc des montagnes ; mais une heure, heure fatale, a sonné : le voile tombe, l'illusion fait place à la réalité, le monde paisible de l'innocence a disparu, et l'horizon calme et serein se convertit en une mer de feux et de tempêtes. Une lecture, une conversation imprudente, la présence d'un objet séducteur, voilà l'histoire du réveil de nos passions, comme du réveil d'un grand nombre de nos facultés. Attachée au corps par un nœud incompréhensible, notre intelligence est faite pour entrer en contact avec d'autres intelligences ; certaines de ses puissances restent enchaînées jusqu'à ce qu'une impulsion extérieure vienne briser leurs liens.

Si nos aptitudes particulières nous étaient connues, il nous serait facile, en les appliquant aux objets de leur choix, de les développer et d'en tirer parti. Mais une fois engagé dans la carrière de la vie, il arrive souvent que l'homme ne peut revenir sur ses pas, ne peut remonter le chemin que l'éducation, la profession imposée ou choisie lui ont fait déjà parcourir. Qu'il sache alors accepter les choses telles qu'elles sont, s'aidant du bien, évitant le mal autant qu'il est en lui : c'est là toute la sagesse humaine.

§ XXIII. — Il faut, en se proposant une fin, se garder à la fois et de la présomption et d'une défiance excessive.

Dans toutes les carrières, dans toutes les positions, et, quels que soient ses talents, ses goûts, son caractère, l'homme doit s'aider de la raison, soit pour découvrir et se poser d'avance un but réalisable, en rapport avec les facultés qu'il a reçues, soit pour chercher les moyens d'atteindre ce but.

Que la fin soit proportionnée aux moyens; ces moyens sont les forces intellectuelles, morales, matérielles dont on dispose. Viser à un but hors de sa portée, c'est dépenser inutilement ses forces, de même que rester dans l'inaction, ou n'oser prétendre à ce que l'expérience et la raison nous désignent comme un but légitime, c'est, en quelque sorte, méconnaître les vues de la Providence ; c'est résister à ses desseins sur nous.

§ XXIV. — La paresse.

S'il est prudent de se défier de la présomption,

s'il ne faut point se lancer à la légère en des entreprises difficiles ou périlleuses, il importe aussi de ne pas oublier que la paresse peut se cacher sous une apparence de résistance aux inspirations de l'orgueil et de la vanité.

L'orgueil est un mauvais conseiller, un mauvais guide ; il est difficile de se préserver de ses embûches. Eh bien, il trouve, ou peu s'en faut, dans la paresse, une rivale digne de lui. L'homme aime les richesses, la gloire, les plaisirs ; mais il aime aussi à *ne rien faire ;* jouissance véritable à laquelle il sacrifie souvent sa réputation, son bien-être. Dieu connaissait bien la nature humaine lorsqu'il l'a punie par le travail. Manger son pain à la sueur de son front est pour l'homme un châtiment de toutes les heures, souvent bien lourd à porter.

§ XXV. — Un avantage de la paresse sur les autres passions.

Pour nous subjuguer, la paresse, c'est-à-dire la passion du repos, a un avantage sur les autres passions : c'est de ne rien exiger de nous. En effet, son objet est purement négatif. On ne peut conquérir une position élevée sans beaucoup d'activité, d'efforts, de constance. Un nom glorieux suppose des titres à la renommée, et ces titres ne s'acquièrent point sans fatigues. L'amour des richesses impose un travail persévérant, des combinaisons habiles ; les plaisirs les plus efféminés même veulent qu'on les recherche ; ils sont le prix de certains efforts. Toute passion exige un labeur ; seule, la paresse n'exige rien. Vous la contentez mieux assis que debout, encore mieux couché qu'assis, mieux encore endormi qu'éveillé. Sa tendance est le néant ; le néant est sa limite extrême. Plus le paresseux s'anéantit dans son existence, plus il est heureux.

§ XXVI. — Origine de la paresse.

Ne cherchons point ailleurs que dans notre organisation, dans la manière dont s'exercent en nous les fonctions vitales, l'origine de la paresse. Toute action entraîne une dépense de forces ; donc, elle contient un principe de fatigue et partant de douleur. Lorsque la dépense est insignifiante, qu'elle n'a lieu que durant le temps nécessaire au développement des forces organiques, la souffrance est nulle ; il se peut même qu'il y ait plaisir. Mais bientôt la perte devient sensible et la fatigue commence. Voilà pourquoi les paresseux eux-mêmes entreprennent souvent certains travaux avec joie. Nous disons, remarquez-le, *entreprennent*. C'est peut-être pour une semblable raison que les hommes les plus vifs sont rarement les plus laborieux. L'ardeur, l'intensité de leurs efforts doivent exciter en eux, plus tôt que dans des organisations calmes, le sentiment de la fatigue; et ils prennent plus facilement le travail en aversion.

§ XXVII. — Paresse d'esprit.

Tout exercice des facultés intellectuelles étant accompagné de certains actes organiques, la paresse joue un rôle, et se fait sa part dans les phénomènes actifs de l'intelligence comme dans ceux du corps : ce n'est pas l'esprit qui se fatigue, mais les organes corporels qui sont au service de l'esprit. De là vient que parfois l'on éprouve, à penser ou à vouloir, la répugnance qu'inspirent les travaux manuels les plus pénibles. Remarquez que ces deux paresses ne sont pas nécessairement simultanées, et peuvent exister l'une sans l'autre.

La fatigue du corps, la fatigue purement musculaire, ne produit pas toujours la prostration intellectuelle ou morale. Nous en avons tous fait l'expérience; de même, après des travaux d'esprit intenses ou trop prolongés, lorsque nos forces intellectuelles touchaient à l'épuisement, nous avons quelquefois exercé nos forces physiques avec un véritable plaisir. Ce phénomène s'explique par ce fait : Que les altérations du système musculaire sont loin d'être proportionnées aux altérations du système nerveux.

§ XXVIII. — Raisons à l'appui de ce que nous venons de dire sur l'origine de la paresse.

A l'appui de ce que nous avons établi, que la paresse est un instinct de précaution contre la souffrance, on peut faire les observations suivantes : 1° que l'action, loin de répugner, devient attrayante lorsqu'elle a pour objet le plaisir ; 2° qu'au début d'un travail, la répugnance est plus grande, parce que, pour mettre les organes en action, un effort particulier est nécessaire ; 3° que la répugnance est nulle lorsque, l'impulsion ayant été donnée, il ne s'est pas écoulé assez de temps pour que la fatigue qui naît de l'épuisement des forces ait pu se produire encore ; 4° que la répugnance reparaît et s'accroît à mesure que la fatigue se produit ; 5° que les hommes d'une grande vivacité sont plus sujets que les autres à éprouver cette répugnance, parce qu'ils sont les premiers à sentir la douleur ; 6° que les caractères mobiles et légers sont rarement exempts de ce défaut, par cette raison, que l'effort exigé par le travail n'est pas le seul qui leur soit imposé, et que, pour vaincre leur inclination au changement, ils ont besoin de se dompter eux-mêmes.

§ XXIX. — L'inconstance ; sa nature et son origine.

L'inconstance, excès apparent d'activité, puisqu'elle nous pousse à nous occuper sans cesse d'objets nouveaux, n'est au fond qu'une paresse déguisée. L'inconstant substitue un travail à un autre travail pour éviter l'ennui d'assujettir son attention, pour échapper à la continuité d'une action déterminée. Voilà pourquoi les paresseux sont, en général, grands faiseurs de projets. Les projets, vaste carrière ouverte aux divagations, n'exigent aucun assujettissement d'esprit. C'est pour la même raison qu'ils se lancent avec une extrême facilité dans toutes sortes d'entreprises, à la condition, toutefois, qu'ils n'en mèneront aucune à bonne fin.

§ XXX. — Preuves et applications.

Que d'hommes sacrifient à leur inconstance les intérêts, les devoirs les plus saints! Certains travaux leur sont imposés; ils les abandonnent pour d'autres, plus pénibles peut-être, mais qu'ils choisissent eux-mêmes : une affaire importante les appelle; le temps presse; ils s'oublient en d'inutiles conversations. On doit agiter en leur présence des questions intéressantes; avec quelques heures d'étude, quelques efforts, ils se mettraient en état de donner leur avis en connaissance de cause; et ces heures, que le devoir réclame, ils les prodiguent à des discussions vaines; la politique, la guerre, les sciences, la littérature, toute chose leur est bonne, pourvu qu'elle ne soit point obligatoire.

Mais se promener, converser, discuter, c'est agir; c'est exercer ou les facultés du corps ou celles de l'esprit; et toutefois les promeneurs, les bavards abondent, tandis que les hommes véritablement laborieux sont très rares. Pourquoi? C'est que la promenade, la discussion, la conversation ne contrarient point l'inconstance, n'exigent aucun effort, admettent la variété, le changement, entraînent avec elles des alternatives naturelles d'exercice et de repos, entièrement libres ou ne relevant que du caprice!

§ XXXI. — Sage milieu entre les extrêmes.

Éviter la faiblesse sans fomenter la présomption; soutenir, exciter l'activité sans éveiller l'amour-propre; donner à l'esprit le sentiment de ses forces sans l'aveugler par l'orgueil : science bien difficile lorsqu'il s'agit d'autrui, bien plus difficile encore lorsqu'il s'agit de soi-même; c'est la science que l'Évangile enseigne, c'est le triomphe de la raison. Les écueils que je viens de signaler, nous devons les côtoyer sans cesse, non avec l'espoir de les éviter tous, d'y échapper toujours, mais avec le désir, avec l'espérance de survivre aux naufrages.

La vertu est difficile; elle n'est point impossible. Celle de l'homme se trouve mêlée de beaucoup de faiblesses, mais il la peut perfectionner. La raison est un monarque condamné à une lutte sans repos contre des sujets révoltés ; mais Dieu lui a donné les forces nécessaires pour combattre et vaincre : lutte terrible, pleine de hasards et de périls, mais par-là même d'autant plus digne de tenter les âmes généreuses.

En vain essaye-t-on, dans notre siècle, de proclamer la toute-puissance, l'ascendant irrésistible des passions sur la raison de l'homme. Emanation sublime de la Divinité, l'âme immortelle n'a point été abandonnée par son créateur. Non, il n'est donné à aucune puissance d'éteindre le sentiment de la morale, soit dans l'individu, soit au sein des sociétés : dans l'invididu, ce sentiment survit à tous les crimes ; dans les sociétés il survit à toutes les tempêtes. Le remords, chez l'homme coupable, réclame et venge ses droits méconnus ; dans les sociétés, d'héroïques dévouements protestent en son nom.

§ XXXII. — La morale est le meilleur guide de l'entendement pratique.

La morale ! voilà le guide par excellence de l'entendement pratique. Dans le gouvernement des peuples, la politique petite est celle des intérêts égoïstes, de l'intrigue, de la corruption ; la grande politique est celle de l'intérêt général, de la raison, du droit. Dans la vie privée, il y a aussi petitesse et grandeur : l'une inspire les basses menées, les vues étroites, le vice ; l'autre, la générosité, le dévouement et la vertu.

Le juste et l'utile semblent quelquefois marcher séparément, mais cette séparation n'est pas de longue durée ; ils suivent en apparence des chemins opposés, mais le but vers lequel ils tendent est le même. Dieu veut éprouver ainsi la constance de l'homme, et il ne remet pas toujours tout entière, à l'autre vie, la récompense de nos efforts. La ferait-il attendre, cette récompense, nous n'aurions point à nous en plaindre. Est-ce donc peu que de descendre dans la tombe, pleins d'espérance, l'âme tranquille et sans remords ?

Oui, l'art de gouverner n'est autre chose que la morale et la raison appliquées au gouvernement des États. Oui, l'art de se bien conduire soi-même n'est autre chose que l'Évangile en action. Ni les sociétés, ni les individus n'oublient impunément les principes éternels de la morale ; que s'ils opposent à ces principes les vils conseils de l'intérêt, ils périssent tôt ou tard dans leurs propres combinaisons. L'intérêt que l'on érige en idole ne tarde point à devenir victime à son tour : l'expérience est là pour attester cette vérité ; elle se trouve écrite à toutes les pages de l'histoire en caractères de sang !

§ XXXIII. — L'harmonie de l'univers protégée par le châtiment.

Toute faute reçoit son châtiment. L'univers est soumis à une loi d'harmonie ; celui qui trouble cette harmonie souffrira dans son organisme ou dans son cœur. La douleur matérielle suit l'abus des facultés physiques; aux égarements de l'esprit succèdent le repentir et le remords. Tel qui poursuit la gloire avec une exessive ardeur rencontre le ridicule et la honte; tel autre, dans son orgueil sans mesure, voudrait voir l'univers à ses pieds; il soulève contre lui l'indignation, la résistance, les humiliations, l'insulte. Le paresseux s'endort dans l'inaction, mais cette inaction dévore ses ressources : le besoin frappe à sa porte, l'excès du travail et de l'activité devra remplacer un repos coupable. Le prodigue dissipe ses richesses dans les plaisirs et l'ostentation : voici venir un vengeur, la pauvreté affamée et couverte de haillons! Les privations succèdent aux jouissances; au luxe, à la somptuosité, à l'apparat, succède la misère honteuse qui rougit d'elle-même. L'avare entasse l'or par crainte de la pauvreté, et au milieu de ses richesses il endure toutes les rigueurs de cette pauvreté qui l'épouvante. Il ne hasarde rien pour ne rien perdre ; il se défie des personnes dont il est le plus aimé (si tant est que l'avare puisse être aimé); dans le silence de la nuit, au sein des ténèbres, il se lève, il visite ses coffres-forts pour s'assurer que son or, c'est-à-dire son âme, est toujours là. Mais voici que l'œil d'un serviteur infidèle a surpris son secret, et la pauvreté, réelle cette fois, sera désormais le seul hôte de son foyer.

Dans les arts, dans la littérature, comme dans

le commerce du monde, qui veut trop plaire s'expose à déplaire : l'excès de la délicatesse dégénère en mauvais goût, le sublime touche au ridicule, la finesse devient affectation, l'amour démesuré de la symétrie produit les contrastes les plus discordants.

Dans le gouvernement des sociétés, l'abus du pouvoir entraîne la ruine du pouvoir; l'abus de la liberté mène à la servitude. Un peuple qui veut trop étendre ses frontières se voit refoulé en deçà de ses limites naturelles; le conquérant qui s'opiniâtre à accumuler les couronnes sur sa tête s'expose à les perdre toutes; et tel que n'a pu satisfaire la jouissance d'un empire gigantesque, va se consumer sur un roc solitaire perdu dans l'immensité de l'Océan. De ceux qui ambitionnent la puissance suprême, le plus grand nombre rencontre la proscription ou la mort. Ils convoitaient le palais d'un monarque, ils perdent leur foyer domestique; ils rêvaient un trône, ils s'éveillent sur l'échafaud.

§ XXXIV. — Observations touchant les avantages et les désavantages de la vertu dans les affaires.

Dieu n'a point laissé ses lois désarmées; il leur a donné pour bouclier le châtiment qui suit la faute, même dès cette vie. Voilà pourquoi les calculs basés sur des intérêts en opposition avec la loi morale sont ordinairement trompés. L'immoralité tombera dans les piéges qu'elle tend elle-même. Je n'entends point dire, toutefois, que les conditions de lutte entre l'homme de bien et le méchant ne soient souvent désavantageuses au premier. Oui, celui que nulle considération n'arrête, à qui tout moyen, s'il mène au but, paraît légitime, celui-là, j'en conviens, a de grands avantages sur l'honnête homme que l'idée seule de l'injustice épouvante. N'avoir qu'un moyen pour se défendre, c'est s'exposer à être vaincu ; mais s'il est incontestable que dans des cas isolés l'avantage appartient aux méchants, il ne l'est pas moins qu'avec le temps la balance se rétablit ; la Providence se charge du contre-poids ; et j'ose affirmer qu'il n'est point rare de voir, à la fin, l'homme droit dans ses vues et dans sa conduite atteindre le but qu'il s'est discrètement posé, tandis que l'homme immoral expie, à l'heure marquée, ses iniquités ou ses crimes, trouvant sa propre perte au bout de ses voies tortueuses.

§ XXXV. — Une accusation injuste contre la vertu.

L'homme de bien tombé dans le malheur éprouve un certain penchant à présenter sa vertu comme l'origine de ses disgraces. C'est une occasion pour lui de se faire valoir, un moyen de cacher ses imprudences ; car on peut commettre des imprudences en dépit des intentions les plus pures et les plus droites. La vertu ne saurait être responsable des maux qu'entraînent l'imprévoyance et la légèreté ; cependant, on l'en accuse avec une facilité extrême. « Ma bonne foi m'a perdu » s'écrie l'homme de bien victime d'une perfidie. Ce qui l'a perdu, ce n'est point sa bonne foi, mais une confiance irréfléchie, absurde, alors que tout l'avertissait de se défier et de craindre. Les méchants ne se prennent-ils donc point aux piéges du méchant ? La perfidie met-elle toujours à l'abri d'un perfide ?

La vertu nous montre le chemin ; c'est à notre prévoyance, à notre jugement, à notre pénétration d'éviter les embûches que le mal dresse contre nous. Ces qualités n'excluent point la vertu ; elles vivent même avec elle en parfaite harmonie, mais ne sont point une même chose. Amie fidèle dont rien ne rebute le dévouement, celle-ci prend asile dans le cœur de tout homme sans s'informer de la richesse ou de la pauvreté de son esprit.

§ XXXVI. — Une accusation non fondée contre la science.

On a osé dire : « Le savoir est mauvais en soi ; les grands talents inclinent fatalement au mal. » Blasphème contre la bonté du Créateur ! La vertu aurait-elle donc besoin des ténèbres ? N'émane-t-elle point des mêmes sources que la science, c'est-à-dire de l'océan de lumière et de sainteté qui est Dieu ? Si l'élévation de l'intelligence conduisait au mal, la méchanceté des êtres serait donc en proportion de leur grandeur ? Comprenez-vous les conséquences de ce raisonnement ?—Pourquoi ne les tirerions-nous point, ces conséquences ? — La science infinie serait la méchanceté infinie ; nous voilà dans l'erreur de Manès, établissant au sommet de l'échelle des êtres un principe mauvais ; mais que dis-je ? notre erreur serait plus détestable encore ; elle exclurait le bon principe, à qui Manès du moins fait une part. Le génie du mal présiderait seul et sans rival aux destinées du monde. Le roi des sombres régions placerait son trône dans les splendeurs de l'empirée.

Non ! l'homme ne doit point fuir la lumière par crainte du mal. La vérité ne redoute pas le grand jour. Le bien moral lui-même n'est autre chose qu'une grande vérité. Plus une intelligence est éclairée, mieux elle connaît l'ineffable beauté de la vertu ; et cette connaissance lui rend plus facile la pratique du bien. Presque toujours les sentiments participent des idées et s'élèvent avec elles ; les sentiments élevés sont déjà la vertu ou une disposition heureuse à la vertu.

Si nous étudions la nature de notre âme, cette étude même nous fournira des preuves en faveur des talents et du savoir. Certaines facultés, on le sait, ne se perfectionnent en nous qu'aux dépens d'autres facultés moins soigneusement développées. Or, cultiver les qualités supérieures, c'est diminuer d'autant la force des passions grossières, source des vices.

L'histoire nous apprend, en effet, que les hommes pervers ont été rarement doués d'un esprit très élevé; parmi les hommes d'élite, au contraire, beaucoup ont brillé par d'éminentes vertus. Si quelques-uns ont eu des faiblesses, c'est qu'ils étaient hommes. Les méchants sont l'exception non la règle.

Savez-vous pourquoi la dépravation d'un homme supérieur est si compromettante? Pourquoi elle met en suspicion les dons de l'intelligence et du génie, en donnant occasion de tirer d'un fait particulier des conclusions générales? c'est que tous les yeux sont ouverts sur l'homme de génie; c'est que le contraste entre le vice et la science a quelque chose de repoussant qui rend le vice plus odieux encore. Ainsi, l'on est plus frappé du relâchement d'un ministre de Dieu, revêtu par le sacerdoce d'un caractère sacré, que des faiblesses d'un homme du monde; ainsi l'on ne remarque point une tache dans un cristal terni, tandis que dans un cristal pur le plus léger défaut attire et blesse les regards.

§ XXXVII. — Les passions sont de bons instruments, mais de mauvais conseillers.

Nous avons signalé, chapitre XIX, l'influence

funeste des passions dans la recherche de la vérité, même de la vérité spéculative. Les règles générales que nous avons données à ce sujet sont d'une application constante. Faut-il agir, les passions seront d'excellents auxiliaires; mais gardez-vous de les appeler au conseil et de leur donner voix délibérative. Dépourvu du ressort des passions, l'homme resterait enseveli dans une sorte d'engourdissement et d'inertie; livré tout entier à ses passions, il marche en aveugle : il désire et s'assouvit à la manière des brutes.

Diriger est l'œuvre de la raison; exécuter est l'œuvre des passions; voilà ce que nous enseigne une étude attentive de nos facultés. La raison porte ses regards non-seulement sur le présent, mais sur le passé, mais vers l'avenir; les passions ne voient que le moment actuel, l'impression actuelle. La raison, guide plein de sollicitude, se préoccupe de ce qui peut servir ou nuire aujourd'hui, demain, toujours; les passions, chargées uniquement d'exécuter, forces pleines d'énergie, mais subordonnées, n'ont souci que de l'heure et de l'impression présentes. La raison ne se propose pas uniquement le plaisir, mais l'utilité, la moralité, l'honneur; les passions foulent aux pieds l'honneur, la moralité, l'utilité, tout ce qui n'est pas l'impression agréable que l'acte leur procure.

§ XXXVIII. — Hypocrisie des passions.

Par le mot passions, je n'entends point seulement ces affections violentes, pleines de tempêtes, qui sont à notre âme ce que les orages sont à l'Océan, mais encore ces inclinations plus douces, plus spiritualisées, qui semblent se rapprocher des régions supérieures de l'âme, et que l'on nomme sentiments. Orageuses ou tendres, les passions sont au fond les mêmes : elles ne diffèrent que dans la forme, dans l'intensité, dans la manière de se porter vers leur objet. D'autant plus redoutables qu'elles inspirent moins de crainte, leur délicatesse est une séduction de plus.

Lorsque la passion se présente à nous dans toute sa difformité, heurtant brutalement notre esprit pour l'entraîner dans ses voies, celui-ci se tient sur ses gardes; il se prépare à la lutte, et souvent l'héroïsme de la résistance est en raison de l'impétuosité de l'attaque. Mais si, dépouillant ses formes violentes, et cachant pour ainsi dire ses vêtements grossiers sous le manteau de la raison, elle donne à ses inspirations, à ses penchants déréglés, les noms d'amitié, de volonté droite, éclairée, mais inflexible, etc., veillez et soyez pleins de crainte. La citadelle aurait résisté à un assaut ; elle va peut-être ouvrir ses portes d'elle-même et succomber par trahison.

§ XXXIX. — **Exemple. Deux formes de la vengeance.**

Un homme tient dans ses mains le dénouement d'une affaire de laquelle dépend le sort de son ennemi; cet homme songe aux offenses qu'il a reçues, et le ressentiment s'éveille dans son âme; au ressentiment succède la colère, à la colère la soif de la vengeance. Pourquoi ne se vengerait-il point? L'occasion ne saurait être plus favorable; quelle volupté! Voir de ses yeux le désespoir de son ennemi! de son ennemi trahi dans ses espérances, raillé par le sort, plongé dans la misère ou l'obscurité! — « Vengeance! et que cet homme abhorré sache que la vengeance vient de toi! rends-lui le mal pour le mal. Il a joui de ta disgrâce, triomphe de la sienne : rassasie-toi de ses larmes. Il a des fils innocents qui partageront son malheur; n'importe! qu'ils meurent, et sa race tout entière avec lui! Il a un vieux père que le chagrin peut conduire au tombeau; qu'il meure! Ainsi les blessures de ton ennemi seront plus nombreuses; ainsi tu verseras dans son âme toute l'amertume, tout le fiel qu'un jour il versa dans la tienne. Vengeance! point de pitié pour qui fut impitoyable! pas de générosité pour qui ne fut point généreux! »

Ainsi parle la haine exaltée par la colère; mais ce langage est trop dur, trop violent; un cœur généreux ne pourra l'entendre; l'amour-propre lui-même se révoltera contre des conseils trop odieux. « Eh quoi ! je me réjouirais de la ruine d'une famille ; je précipiterais dans la misère des fils innocents ; je pousserais un vieillard dans la tombe ! Non ! ce ne sont point là les enseignements de l'honneur ! La vengeance est un plaisir bas et cruel ; la générosité est la vertu des grandes âmes. Si mon ennemi a été sans pitié, je serai généreux ; son regard se baissera devant le mien ; la rougeur couvrira son front ; son cœur sentira le remords ; il me rendra justice et je serai vengé. »

L'esprit de vengeance s'était montré impérieux, exigeant, absolu ; l'âme a cru qu'on voulait l'avilir ; elle s'est révoltée. La pitié, la justice, un noble orgueil sont venus à son aide : ces sentiments ont fait pencher la balance. Autre peut-être aurait été le résultat, si la vengeance eût couvert d'un masque ses traits repoussants ; si, cachée dans les replis les plus secrets du cœur et distillant de là ses poisons, elle eût adouci sa voix et parlé au nom de la justice. « Lui ! mériter une telle faveur ! il en est mille fois indigne. C'est là le seul motif de ton opposition ! Peut-être éprouves-tu quelque plaisir à sentir ton ennemi sous ta main, à te placer à l'encontre de ses espérances ; mais tu ne te laisses point aller à ce sentiment ; le bien public commande, tu obéis. Que si, malgré toi, tu fais une légère part à tes rancunes, la prudence, la justice, la raison sont, du moins, d'accord avec l'inclination de ton cœur; et le mal n'est pas grand, si tu sais être sur tes gardes. Procède avec calme, afin que l'on voie que tu n'agis point dans un esprit de haine ou de partialité, que tu ne fais qu'user d'un droit, ou même que tu cèdes, à regret, à la voix impérieuse du devoir. »

La vengeance impétueuse, violente, franchement injuste avait été vaincue; la vengeance pacifique, insidieuse, hypocritement déguisée sous le masque de la raison, de la justice et du devoir, triomphe sans efforts.

Voilà pourquoi les haines exercées au nom du zèle sont si redoutables. Une âme haineuse, se trompant elle-même et croyant obéir à des inspirations légitimes, que sais-je? à la charité peut-être, est comme l'oiseau sous la fascination du serpent; fascination d'autant plus dangereuse que l'âme ne s'en aperçoit pas. Alors l'envie déchire sans remords les réputations les plus pures, les plus éclatantes; les rancunes deviennent inexorables, et marchent sans relâche au but qu'elles se sont posé; alors la vengeance implacable se complaît dans les angoisses, dans les convulsions, dans le désespoir de ses victimes.

Le Sauveur du monde accomplit sa mission sur la terre; les peuples se pressent en foule sur ses pas; il passe au milieu d'eux en faisant le bien. Affable avec les petits, plein de compassion pour les malheureux, indulgent envers les coupables, il répand à pleines mains les trésors de sa toute-puissance et de son amour. Il n'a pour toutes les misères du cœur que des paroles de douceur et de pardon ; on dirait qu'il réserve contre les hypocrites seuls le langage d'une indignation sainte et terrible : son regard majestueux et sévère a pénétré le fond de leur cœur et a mis à nu leur fausseté. Les hypocrites ne peuvent lui pardonner la confusion dont il les a couverts ; la soif de la vengeance les dévore. Mais parleront-ils au nom de la haine ? agiront-ils au nom de la vengeance ? Non ! « Cet homme est un blasphémateur, « diront-ils au prince des prêtres ; il séduit le peu- « ple ; c'est un ennemi de César. La fidélité au « prince, la tranquillité publique, la religion exi- « gent qu'il périsse ! » On marchandera la trahison d'un disciple ; l'agneau innocent sera traîné devant un tribunal. Ses réponses de vérité redoubleront la rage des faux docteurs ; le chef de la synagogue déchirera ses vêtements en s'écriant : Il a blasphémé ! et le peuple trompé demandera la mort du Juste.

§ XL. — Précautions.

L'homme ne saurait trop méditer sur les mystères de son cœur : il ne saurait surveiller avec trop de vigilance les mille portes par lesquelles l'iniquité s'insinue ; il ne saurait trop se tenir en garde contre les piéges qu'il se tend à lui-même. Ce n'est point lorsqu'elles se montrent telles qu'elles sont, à visage découvert, que les passions sont à craindre. Si le sens moral, si tous les germes de vertu ne sont pas encore éteints dans l'homme, à la vue du vice, du vice hideux et sans voiles, il entend s'élever dans son âme comme un cri d'indignation et d'épouvante. Mais à quel danger n'est-il point exposé lorsque, changeant de nom, déguisant leurs traits, elles se présentent à lui sous les dehors de la raison, du droit, du devoir; lorsqu'elles placent sur ses yeux un prisme trompeur à travers lequel il verra désormais toutes choses!

L'écueil le plus dangereux pour l'innocence n'est point l'entraînement brutal des passions grossières, il est dans l'attrait de ces sentiments qui charment par leur délicatesse et séduisent par leur douceur. La peur pénètre dans un cœur noble sous le masque de la prudence; sous le nom d'économie, de sage prévoyance l'avarice se glisse dans une âme généreuse et l'avilit; l'orgueil se cache à l'ombre de la dignité personnelle; la vanité va glanant ses jouissances puériles sous le vain prétexte d'entendre et de mettre à profit la critique; la vengeance se pare du nom de justice; la colère s'appelle une sainte indignation; la paresse invoque le besoin du repos; et l'envie, implacable vautour, l'envie, qui s'attache aux réputations les plus méritées, qui flétrit de son haleine impure les vertus les plus saintes, accomplit ses œuvres de mort en parlant d'impartialité, de justice, d'amour de la vérité, des dangers d'une admiration ignorante et d'un enthousiasme puéril!

§ XLI. — Hypocrisie de l'homme envers lui-même.

L'homme use d'hypocrisie envers lui-même, plus peut-être qu'envers autrui; il est rare qu'il se rende un compte exact et scrupuleux du mobile de ses actions; c'est pourquoi les vertus les plus pures, passées au creuset, laissent toujours un peu de cendres. L'amour divin, voilà l'or sans alliage! mais cet amour pur n'est pas de la terre. Durant notre temps d'épreuve ici bas, nous portons dans notre cœur un principe mauvais qui tue, affaiblit ou déflore nos vertus. Empêcher ce germe fatal de tout envahir, est l'œuvre, le labeur de toute la vie; œuvre difficile, labeur pénible et plein d'angoisses. Cependant, quelle que soit notre faiblesse, nous avons reçu de la main de Dieu même une lumière pour nous guider; lumière qui ne s'éteint jamais, et nous aide à distinguer le bien du mal; raison qui nous éclaire ou conscience qui nous punit. Nous cherchons à nous tromper nous-mêmes, parce que nous redoutons cette lumière, c'est-à-dire l'opposition de notre conscience; nous fermons nos oreilles pour ne point entendre les plaintes de cette conseillère inflexible que rien ne peut corrompre; nous cherchons à nous persuader que les principes qu'elle nous rappelle ne sont pas, du moins, applicables à la circonstance présente. A cela, nos passions viennent aider d'une façon déplorable, en nous prêtant l'appui de leurs sophismes. L'homme ne se résigne point à paraître méchant, même à ses propres yeux : il manque d'audace et devient hypocrite.

§ XLII. — Connaissance de soi-même.

Le défaut que nous venons de signaler revêt toutes les formes, se modifie à l'infini. C'est pourquoi nous ne saurions trop méditer ce précepte des anciens empreint d'une sagesse si profonde : *Connais-toi toi-même !* Il n'est pas jusqu'aux qualités communes à tous les hommes qui ne prennent, selon les individus, une physionomie particulière. Chacun de nous a, pour ainsi dire, un ressort secret auquel il obéit, et qu'il importe de connaître. Ce ressort, c'est l'inclination dominante. Toutes nos passions participent de cette inclination ; elle les subordonne, elle les soumet toutes à son objet ; elle se mêle à tous les actes de la vie, et constitue ce que l'on nomme le caractère. S'il nous est nécessaire de découvrir ce ressort dans autrui pour régler nos rapports avec le monde, combien ne l'est-il pas davantage de le découvrir en nous ! Cette connaissance est le secret des grandes choses, bonnes ou mauvaises.

§ XLIII. — L'homme se fuit lui-même.

Si nous savions résister au penchant qui nous incline à nous fuir nous-mêmes, si notre répugnance à contempler en nous l'homme intérieur était moins profonde, il nous serait facile de découvrir notre passion dominante ; mais nous n'aimons pas à lire dans notre âme, nous n'évitons rien tant que la vue de notre âme ; le premier de nos intérêts est à peine notre dernière préoccupation. Que d'hommes descendent dans la tombe non seulement sans se connaître, mais sans avoir essayé de se connaître ! La sagesse nous dit : Tenez vos yeux constamment ouverts sur votre cœur pour étudier ses inclinations, pénétrer ses secrets, régler ses penchants, corriger ses travers ou ses vices ; et, loin d'écouter la voix de la sagesse, loin de vivre de cette vie intérieure dans laquelle chaque pensée, chaque sentiment éclôt, pour ainsi dire, sous le regard de la conscience, de cette vie dans laquelle l'âme ne se met en rapport avec les objets extérieurs qu'après avoir soumis la volonté au contrôle de la raison, nous nous livrons à toutes les inspirations, à tous les caprices du cœur ; nous nous attachons aveuglément aux objets qui nous attirent ; nous vivons sans cesse hors de nous-mêmes, n'accordant pas un instant à la réflexion. Que de belles, que de nobles intelligences dissipent de la sorte les dons précieux qu'elles avaient reçus du Créateur, et laissent évaporer, si je puis m'exprimer ainsi, sur les places publiques et dans les carrefours l'arôme qui, dans les jours mauvais, devait être et leur force et leur joie !

On raconte de Pascal qu'il abandonna l'étude des mathématiques et des sciences naturelles, parce qu'il trouvait trop rarement l'occasion de converser sur ces matières peu cultivées de son temps. Croyant échapper à son isolement, il appliqua son esprit à l'étude de l'homme. Mais il ne tarda point à s'apercevoir que les vrais moralistes étaient encore moins nombreux que les naturalistes et les mathématiciens. C'est encore aujourd'hui comme au temps de Pascal. Observez ce qui se passe dans le monde, et vous verrez combien sont rares ceux qui s'adonnent à ce genre d'études, surtout pour en faire l'application sur eux-mêmes.

§ XLIV. — Heureux résultats de l'étude des passions.

Connaître ses passions, les analyser, signaler leurs tendances, ce n'est pas les avoir vaincues. L'homme peut avoir conscience de sa faiblesse, rougir de sa faiblesse, et céder à ses passions. Toutefois, s'il les connaît, il se défie de leur violence ; il est aveugle, mais il connaît son aveuglement. Mais celui qui ne rentre jamais en lui-même, qui suit, les yeux fermés, toutes les inspirations de son cœur, celui-là court à sa perte. L'instinct, la volonté, les conseils de la raison, les impulsions de l'organisme ne sont bientôt pour lui qu'une même chose. La raison ne commande plus, elle obéit; au lieu de diriger, de modérer, de corriger les inclinations révoltées, elle devient le complice de leurs désordres; esclave avili, pourvoyeur sans repos et sans pudeur de leurs insatiables caprices!

§ XLV. — Avec quelle sagesse la religion chrétienne dirige les âmes.

La religion chrétienne, en nous invitant à réfléchir sur nos inclinations, à nous étudier nous-mêmes, est d'accord avec la plus saine philosophie et révèle une connaissance profonde du cœur humain. Ce qui manque à l'homme, en général, ce n'est pas la connaissance spéculative du bien, mais la science pratique, la connaissance détaillée du *bien faire*. Qui ne sait et n'a répété mille fois que les passions nous égarent et nous perdent? Est-ce donc là seulement ce qu'il faut savoir? Connaître la passion qui dans tel ou tel cas fait pencher la balance, la passion qui prédomine en nous; connaître le déguisement sous lequel elle se présente à l'esprit qu'elle veut séduire; savoir comment il faut repousser ses attaques ou se garder de ses stratagèmes; et le savoir, non pas à peu près, mais d'une manière exacte, nette, précise, de telle sorte que nous ayons toujours, pour ainsi dire, nos armes prêtes, que nous puissions, à l'instant, prendre une résolution, quelle que soit la circonstance; voilà ce qui nous importe. Art difficile, mais le premier de tous les arts.

Dans les sciences, ce qui distingue l'homme supérieur de l'homme médiocre, c'est que l'homme supérieur possède à fond et pratiquement ce que l'homme médiocre ne sait qu'à peu près et d'une façon confuse. La supériorité n'est point dans le nombre, mais dans la qualité des idées. En effet, le premier ne sait rien qui ne soit connu du second; tous deux ont leurs regards tournés vers le même objet; mais la vue de l'un est plus parfaite que celle de l'autre; l'un voit mieux que l'autre.

Il en est ainsi dans la pratique de la vie. Un homme profondément immoral peut parler de la morale de manière à prouver qu'il n'en ignore point les règles; mais ces règles, il n'en a jamais fait l'application. Il n'a point expérimenté, par lui-même, les obstacles qui peuvent entraver la pratique. Son coup d'œil n'est point assez sûr pour reconnaître le moment décisif de s'en servir. Ni sa volonté n'écouta, ni son intelligence ne comprit jamais d'autre voix que la voix des passions. Il tient les principes moraux enfermés au plus profond de son cœur comme en des archives, se gardant d'y jeter les yeux, même par curiosité, de peur d'éveiller le remords.

Mais lorsque la vertu a poussé dans une âme de

profondes racines, ces mêmes règles deviennent une sorte de génie familier qui préside à toutes les pensées, à tous les actes de la vie ; ce génie s'éveille, et se tient sur ses gardes au moindre danger ; il promet des récompenses avant la lutte, et tourmente la conscience lorsqu'elle a désobéi. La présence permanente des règles morales dans l'esprit est l'œuvre de la vertu qui doit à cette intimité sa force et sa durée ; aussi la religion recommande cette pratique avec instances, bien convaincue qu'elle doit donner de bons fruits tôt ou tard.

§ XLVI. — Les sentiments moraux auxiliaires de la vertu.

Les sentiments sont les auxiliaires naturels des idées morales ; car il est des sentiments très moraux, très généreux. Si Dieu permet aux tempêtes de se déchaîner dans notre cœur, il y fait aussi souffler les brises sous lesquelles les vagues soulevées tombent et s'apaisent. L'habitude de l'obéissance aux règles morales développe et vivifie les sentiments moraux. Alors, dans ses efforts vers le bien, l'homme peut opposer les bons penchants aux inclinations mauvaises. La lutte n'offre plus autant de dangers pour lui ; surtout, elle n'est plus aussi douloureuse. L'influence d'une passion est combattue par la passion contraire ; la joie d'un triomphe compense la douleur d'un sacrifice, et l'on est à l'abri de ces déchirements que l'âme éprouve lorsque la raison est seule à lutter contre les inclinations du cœur.

« Développer les sentiments moraux, appeler au secours de la vertu les passions elles-mêmes, et, par leur intervention, dissiper les ténèbres que les instincts mauvais élèvent dans l'intelligence, n'est-ce point faire la guerre aux frais de l'ennemi, et la porter sur son territoire? règle de conduite d'une incontestable sagesse.

Dans cette opposition des passions aux passions, les combinaisons sont infinies. La dignité personnelle balance l'amour des plaisirs; la crainte de se rendre odieux enchaîne l'orgueil; la vanité est tenue en bride par la crainte du ridicule; l'amour de la gloire stimule la paresse; l'on redoute de s'oublier, et la colère s'apaise; l'honneur qui suit la générosité tempère la soif de la vengeance. Le bien sert de contre-poids au mal. Les germes impurs qui fermentent dans le cœur humain sont neutralisés, et l'homme est vertueux sans cesser d'être sensible.

§ XLVII. — Une règle à suivre dans nos jugements pratiques.

Le ressort principal de notre cœur étant connu, les sentiments nobles et généreux ayant reçu les développements dont ils sont susceptibles, il nous reste encore à connaître la manière de diriger notre entendement vers la vérité dans les jugements pratiques.

Première règle : s'abstenir de toute délibération, suspendre tout jugement sur un objet lorsque cet objet nous passionne. Sommes-nous sous l'empire de la colère; un mot, un geste, un fait insignifiant font déborder la coupe; « Non-seulement on
« a l'intention de nous blesser; on joint l'insulte
« au mal que l'on nous fait. Le sang peut seul la-
« ver un tel affront; sans doute, il faut savoir se
« contenir et pardonner; mais l'honneur a ses exi-
« gences! sans doute il faut être prudent; mais
« se laisser fouler aux pieds, est-ce là ce que l'on
« appelle prudence? » Ainsi raisonne la colère. Mais, dira-t-on, la colère ne raisonne pas. Erreur! la colère raisonne, car elle se soumet l'intelligence et la force à servir ses intérêts; et les services qu'elle en reçoit, elle les lui rend à son tour avec usure. On sait quelle énergie les passions donnent à l'esprit, et les ressources imprévues que l'esprit déploie sous leur inspiration.

Que la colère tombe, et l'échafaudage de raisonnements qu'elle avait élevé s'écroulera de lui-même; ce qui prouve que cette passion nous cachait la vérité. Jugerons-nous de même après qu'avant? Si notre cœur est droit, peut-être nous verra-t-on reconnaître avec franchise notre erreur devant cet homme dont, tout à l'heure, nous demandions la vie.

§ XLVIII. — Autre règle.

De là cette nouvelle règle : lorsque vous vous sentez sous l'influence d'une passion, efforcez-vous, ne serait-ce que pour un instant, d'imaginer quelle serait, dans un autre état moral, votre façon de penser ou de sentir La réflexion, quelque rapide qu'elle soit, jetant notre âme dans un ordre nouveau d'idées, de sentiments, et, pour ainsi dire, dans une autre atmosphère, doit la calmer. Une impulsion s'amortit au choc d'une impulsion contraire. Étouffer en nous tout ce qui leur fait opposition, surexciter tout ce qui les favorise, voilà le secret des passions, le secret de leurs succès et de leur puissance. Si l'attention se divise, la comparaison survient; on cesse d'être exclusif. Les forces intellectuelles et morales, qui n'ont pas été complétement subjuguées, se réveillent, et la passion perd nécessairement de son énergie parce qu'elle partage avec d'autres facultés la vie dont elle était seule à jouir.

Ce n'est pas seulement sur l'expérience, mais sur la nature même de notre organisation que s'appuie la règle pratique que nous venons d'indiquer. Tout acte de nos facultés intellectuelles ou morales est aussitôt suivi d'un acte organique. Or nos organes matériels ont reçu une certaine somme de force vitale qu'ils dépensent en des proportions différentes, de telle sorte que les uns vont s'affaiblissant à mesure que les autres se fortifient. S'il est vrai que l'énergie des passions diminue en proportion de l'activité donnée aux organes de l'intelligence, il doit donc être utile d'exercer ceux-ci comme contrepoids des passions.

Observons toutefois que pour obtenir le résultat cherché, l'effort de l'intelligence doit être dirigé en sens contraire des inclinations mauvaises; que si l'intelligence, au lieu de lutter contre ces inclinations, se met à leur suite, un pareil secours les surexcite à l'excès Ce qu'elles peuvent perdre alors, par la diversion, en énergie purement organique, elles le retrouvent au centuple en énergie morale, par la multiplication des moyens d'atteindre leur objet, et par cette espèce de bill d'indemnité que l'esprit semble leur donner en les appuyant au lieu de les combattre.

Ce travail sur les passions n'est pas une simple théorie, j'en appelle à l'expérience. Il est vrai qu'on ne trouve pas toujours le moyen sûr de modérer, de conduire, ou d'étouffer la passion déjà maîtresse obéie; que, même après qu'on l'a trouvé, ce moyen peut rester inutile en des mains inhabiles; mais celui qui cherche exerce déjà une surveillance plus grande sur lui-même; il apprend à résister aux premiers mouvements et possède, dans ses jugements pratiques, une règle de vérité qui manque à ceux qui n'ont jamais appris à réagir sur leur propre cœur.

§ XLIX. — L'homme se raillant lui-même.

Il est une arme que l'observation nous apprend à tourner utilement contre nous-mêmes. Cette arme redoutée des passions est le ridicule; le ridicule, sel placé dans le cœur et sur les lèvres de l'homme comme un préservatif contre la corruption intellectuelle et morale; le ridicule, qui non-seulement corrige les défauts d'autrui, mais qui, stigmatisant nos propres défauts, effraye notre amour-propre et nous inspire l'aversion du mal, par peur de la satire. Acteur et spectateur à la fois, l'homme voit ses travers impitoyablement mis en lumière, impitoyablement flagellés par un adversaire mordant et de bonne humeur; cet adversaire, c'est lui-même. La victime, c'est encore lui. Eh! n'est-ce pas en quelque sorte sur autrui que tombe la raillerie, alors même que nous en usons contre nous?

N'y a-t-il pas en nous deux hommes qui ne s'accordent jamais, qui, dans une lutte incessante, acharnée, se disputent l'empire? Après avoir opposé vainement la force de la volonté, l'autorité de la raison, à l'homme aveugle, immoral, insensé qui se révolte, l'homme intelligent, moral, prévoyant et sage appelle à son aide la satire : satire qui peut et doit être d'autant plus spirituelle et libre, qu'elle n'a pas de témoins, qu'elle n'enlève rien à la réputation, qu'elle ne fait rien perdre dans l'opinion d'autrui, puisqu'elle n'est point exprimée par la parole, et que le sourire railleur qu'elle dessine sur les lèvres s'efface au moment de naître.

Il en est d'une pensée railleuse tombant au milieu de l'exaltation des passions comme de ces traits incisifs, pénétrants, ironiques, pleins de sel et d'à-propos lancés par un orateur habile au milieu d'une assemblée en tumulte. L'effet est le même. N'a-t-on point vu souvent un seul regard changer la disposition d'esprit d'un homme déjà sous l'influence d'une passion près d'éclater? Eh! qu'exprimait ce regard? Un appel au sentiment des convenances, au respect pour le lieu, pour les personnes; un souvenir d'amitié, une ironie délicate, rien autre chose peut-être qu'une invitation au sens commun. La passion est tombée comme l'écume lorsque les flots cessent d'être battus des vents. Cette influence sur nous, que nous laissons prendre à autrui, pourquoi ne la prendrions-nous point nous-mêmes?

§ L. — Perpétuelle enfance de l'homme.

Si l'homme se laisse facilement égarer et séduire, il est vrai de dire aussi que souvent il faut peu de chose pour le ramener.

Plus faible que méchant, il ne s'obstine point au mal par cela seul qu'il a commencé à mal faire ; non, il entre avec une facilité déplorable dans l'une ou l'autre voie selon l'impulsion qu'il reçoit. Enfant jusqu'à la vieillesse, il veut toutefois être pris au sérieux et déguise, avec soin, sous un extérieur de gravité, son éternelle enfance, bien qu'au fond il s'estime ce qu'il vaut et rougisse de lui-même. « *Il n'est pas de héros pour son valet de chambre.* » C'est-à-dire, tout homme, vu de près, perd de son prestige. Les vertus humaines demandent une certaine perspective. Ajoutons que l'homme se connaît encore mieux qu'il n'est connu ; voilà pourquoi, jusque dans ses meilleures années, il a besoin de se cacher à lui-même les puérilités de son cœur.

L'enfant rit, joue, folâtre, et bientôt il se plaint, il entre en fureur, il pleure, souvent sans savoir pourquoi. L'enfant subit l'influence de son organisme, du bon ou mauvais état de sa santé, du vent, du soleil, du nuage qui passe ; l'instant qui s'écoule, il l'oublie ; l'avenir est pour lui comme s'il n'était pas. N'en est-il point ainsi, bien que ses caprices prennent d'autres noms, de l'homme sérieux, de l'homme grave, du plus sage d'entre les hommes ? Enfant, moins les grâces de l'enfance !

Intelligence unie à un corps que mille influences modifient, mobile comme la feuille, l'homme cède à tout souffle du vent ; ses impressions se succèdent avec une incroyable rapidité ; il change et il suppose que les objets ont changé ; il leur attribue sa propre inconstance !

§ LI. — Le sentiment tout seul est un guide peu sûr.

Livrer l'âme à la merci du sentiment, du sentiment sans contre-poids, sans contrôle, c'est lancer un vaisseau sans pilote sur les flots soulevés; c'est proclamer l'infaillibilité des passions ; c'est dire à l'homme : « écoute les conseils de l'instinct et n'en écoute point d'autres ; obéis en aveugle à tous les mouvements de ton cœur ; » c'est dépouiller l'homme de son intelligence, de son libre arbitre; c'est le convertir en un instrument passif de la sensibilité.

« Les grandes pensées viennent du cœur, » a dit un écrivain célèbre ; c'est du cœur que viennent également les grandes erreurs, les grandes extravagances, les grands crimes. Toutes choses y prennent naissance. Harpe orgueilleuse qui rend tous les accords, depuis les bruits lugubres et formidables du séjour de la mort et de l'épouvante, jusqu'aux plus délicates, aux plus suaves harmonies des régions de la paix et du repos éternel.

L'homme qui n'a d'autre guide que son cœur est le jouet des inclinations les plus contradictoires. Comme la paille sèche qu'emporte la tempête, il va, vient, tourne, s'élève, et retombe sans trêve et sans repos. Comptez les sentiments qui peuvent, en quelques heures, se presser dans son âme : moins nombreux sont les sables de la mer. L'homme passe, à l'improviste, sans en connaître la cause, de la sympathie à la répulsion, de l'amour à la haine ; maintenant, plein de courage et d'ardeur ; l'instant d'après, hésitant, abattu, timide. Qui ne sait l'influence qu'exercent sur lui l'âge le temps, le changement d'état, de position sociale, etc. Tout ce qui affecte son intelligence ou son organisme, de quelque manière que ce soit, modifie en même temps sa manière de sentir. De là vient l'inconsistance de ceux qui s'abandonnent à leurs passions ; de là cette mobilité des organisations trop sensibles qui n'ont point su veiller sur elles-mêmes, réagir courageusement contre elles-mêmes et se maîtriser.

Les passions ont été données à l'homme comme des stimulants, comme des moyens d'action, et non pour éclairer son intelligence ou régler sa conduite. On dit souvent : « Le cœur ne trompe pas! » Erreur déplorable! Qu'est-ce donc que la vie? Un tissu d'illusions ourdi par notre cœur. Si quelquefois, en nous livrant aux inspirations du sentiment, nous avons rencontré la vérité, combien plus souvent ces inspirations nous séduisent et nous égarent! Savez-vous pourquoi l'on attribue au cœur un instinct si sûr? C'est que ses moindres succès jouissent, par leur rareté même, du privilége d'exciter au plus haut degré notre admiration ; c'est que nous nous émerveillons de le voir, au milieu de son aveuglement, trouver la vérité, lorsque nous l'avons surpris si souvent dans une voie contraire. L'exception nous éblouit ; nous oublions ses torts, et nous lui faisons honneur d'un discernement qu'il n'a point, qu'il ne saurait avoir.

Donner à la morale le sentiment pour base, c'est bâtir sur un sable mouvant ; régler sa conduite sur les inspirations du sentiment, c'est se condamner à marcher au hasard, et souvent par des chemins mauvais. La littérature française à notre époque, littérature que l'on s'efforce d'introduire en Espagne, divinise les passions : ce sensualisme est un grave danger. Que sont, en effet, les passions divinisées, sinon extravagance, immoralité, corruption ? Le malheur et le crime sont presque toujours les fruits amers de cet arbre maudit.

§ LII. — Ne point suivre uniquement les inspirations de la sensibilité, mais appeler à son aide la morale et la raison.

Dans les actes matériels ayant pour objet l'utile, comme dans les actes moraux et de conscience, l'homme doit se gouverner non selon ses impressions, mais selon des règles sûres et constantes ; dans ses actes moraux, par les maximes éternelles de la vérité ; dans ce qui touche aux intérêts matériels, par les conseils d'une raison saine et prévoyante. L'homme est une créature bornée ; toutes choses ne sont point parfaites en lui par cela seul qu'elles sont en lui. Les impressions qu'il reçoit, modifications de sa propre nature, n'altèrent en rien les lois éternelles. Une chose juste ne cesse point de l'être, parce qu'elle lui déplaît ; une injustice ne cesse point d'être une injustice, bien qu'il l'approuve. L'homme implacable qui se venge sent un plaisir féroce en plongeant le poignard dans les entrailles de son ennemi, et son action n'en est pas moins un crime. L'ange de charité, qui, sous le doux nom de sœur, veille au chevet du malade, le soutient et le console, éprouve souvent de cruels dégoûts, et son action ne laisse point d'être un acte héroïque de vertu.

Même en dehors de l'ordre moral, il faut envisager les choses non selon qu'elles nous affectent, mais selon ce qu'elles sont en effet. La vérité n'est point essentiellement dans nos impressions ; elle est dans les choses. Si nos impressions sont en désaccord avec les choses, ces impressions nous trompent et nous égarent : le monde réel ne ressemble point au monde des poëtes et des romanciers. Sachons le voir tel qu'il est, et réglons notre conduite sur cette vue. Point de vaines rêveries ; terre à terre, pratique et positif, voilà ce qu'est le monde.

§ LIII. — Sentiment bon par lui-même, rendu mauvais par l'exagération.

La religion ne cherche point à détruire, ne supprime point les sentiments; elle les modère et les dirige. La prudence ne repousse point le secours des passions ; elle se garde seulement de leur donner l'empire. L'harmonie s'établit dans le cœur de l'homme non par l'essor absolu, non par le développement simultané de ses penchants, mais par leur répression. Ce n'est point seulement dans le reste de nos passions que nous trouverons un contre-poids aux sentiments que nous laissons agir en nous, c'est surtout dans la raison, dans la morale. L'opposition des inclinations bonnes aux inclinations mauvaises cesse elle-même d'être salutaire lorsque la raison ne préside pas à cette lutte ; les inclinations bonnes ne sont telles qu'autant que la raison les modère : abandonnées à elles-mêmes, elles s'exagèrent et se pervertissent.

Un homme de guerre est chargé de la défense d'un poste dangereux; le péril s'accroît d'instant en instant; autour de lui ses compagnons tombent sous la mitraille comme des épis sous la faux du moissonneur; les ennemis s'approchent; la résistance est impossible, et l'ordre de se replier n'arrive pas. Le découragement est près d'entrer dans le cœur du brave : « Pourquoi mourir sans utilité pour

« sa cause! La discipline et l'honneur exigent-ils un
« sacrifice inutile? Ne vaudrait-il pas mieux aban-
« donner son poste, en invoquant auprès du général
« l'impérieuse loi de la nécessité? — Non, non! c'est
« de la lâcheté qui se couvre du nom de prudence!
« Que diraient les amis? que dirait l'armée? Entre la
« mort et la honte, la mort! sans hésitation, la mort! »

Peut-on blâmer ces réflexions par lesquelles un soldat s'est raidi contre les tentations de la peur? Et cet attachement à l'honneur, cette horreur de la honte qui suit la lâcheté, n'est-ce point un sentiment? Oui, mais un sentiment noble, généreux, dont l'ascendant a fait pencher la balance du côté du devoir. Aux éclats de la mitraille et du canon, aux cris des ennemis, aux gémissements des blessés, le brave a eu un moment d'hésitation. Sa raison, livrée à elle-même, aurait succombé peut-être; mais il a appelé à son aide une passion plus puissante que la crainte de la mort, le sentiment de l'honneur, et la raison a triomphé : la passion, dirigée vers un but légitime, a produit un résultat heureux.

L'ordre de se replier arrive. L'officier rejoint son corps d'armée après avoir perdu presque tous ses soldats. « Nous vous croyions mort, lui dit en souriant
« un compagnon d'armes! mais (et je m'en réjouis),
« vous n'avez pas oublié les lois de la prudence. »
L'officier se croit outragé; il demande une réparation, et, peu d'instants après, l'imprudent railleur

a cessé de vivre. Le même sentiment, qui vient d'enfanter un acte héroïque, provoque une sorte d'assassinat. L'honneur, la crainte d'être accusé de lâcheté, avaient élevé un homme jusqu'au mépris de la vie : l'honneur, la crainte d'être accusé de lâcheté viennent de rougir les mains de cet homme du sang d'un ami. La passion, réglée, dominée par la raison, s'était grandie jusqu'à l'héroïsme : livrée à son aveugle impétuosité, elle s'est dégradée jusqu'au crime.

L'émulation lutte avec avantage contre la paresse, contre l'abandon de soi-même, contre toutes les inclinations qui font obstacle au développement de nos facultés. A l'aide de ce sentiment, le maître stimule ses élèves, le père de famille combat les inclinations mauvaises de son fils ; un grand capitaine obtient de ses troupes des prodiges de constance, de bravoure et de dévouement. Désir d'un avancement légitime, amour du succès et du devoir, crainte des reproches, honte de nous voir dépassés par ceux que nous aurions pu vaincre, toutes ces formes de l'émulation n'ont rien que l'on ne puisse avouer : elles aplanissent les difficultés sur la route du bien ; nous leur devons souvent des inspirations sublimes, nos plus mâles vertus.

Eh bien ! ce sentiment qui fortifie l'âme et l'élève, pour ainsi dire, au-dessus d'elle-même, se change, s'il devient excessif, en un poison qui la ronge. L'émulation fait place à l'envie : le sentiment est le même au fond, mais il est exagéré. Le désir légitime de s'avancer s'est converti en une soif dévorante de succès ; le chagrin de se voir surpassé, en une rancune mortelle contre le vainqueur. Ce n'est plus cette rivalité noble qui savait s'allier avec l'amitié, qui s'efforçait d'adoucir la défaite par des témoignages de tendresse, par de sincères louanges; qui, satisfaite d'avoir conquis le laurier, le cachait pour épargner l'amour-propre des vaincus; c'est une fureur véritable; c'est un chagrin poignant, moins de ses propres revers que des triomphes d'autrui; c'est une haine profonde contre un rival heureux, un désir ardent de rabaisser son mérite ; c'est une médisance amère, un dédain faux et méchant, sous lequel on a peine à couvrir une haine mal comprimée; c'est un sourire sardonique qui ne parvient pas à dissimuler les tourments de l'âme.

Quoi de plus conforme à la raison que le sentiment de la dignité personnelle, sentiment qui se révolte contre les conseils des passions dégradées, qui rappelle l'homme au devoir par l'honneur; sentiment qui, selon les circonstances et dans toutes les conditions de la vie, inspire à l'homme de cœur l'attitude convenable ; sentiment qui remplit de majesté les traits du magistrat chargé de prononcer les arrêts de la justice; qui donne à la physionomie d'un pontife l'onction auguste, la gravité sainte; qui éclate dans le regard de feu d'un grand capitaine, dans son attitude résolue, hardie, imposante; sentiment qui ne permet ni au bonheur une joie désordonnée, ni à l'infortune un lâche abattement; qui met un sceau sur les lèvres ou les ouvre pour une parole honorable et ferme; qui établit la ligne délicate entre l'affabilité et une familiarité excessive, entre la franchise et l'abandon, entre le naturel et la grossièreté; sentiment enfin qui fortifie l'homme sans l'endurcir, qui lui enseigne la douceur sans faiblesse, la flexibilité sans inconstance, la constance sans obstination. Eh bien! que ce sentiment s'exagère, qu'il cesse d'être réglé, d'être dirigé par la raison, il devient l'orgueil, l'orgueil qui enfle le cœur, et enseigne à porter le front haut; l'orgueil qui donne à la physionomie un caractère agressif, aux manières une affectation aussi irritante que ridicule; l'orgueil, plein de présomption, qui se crée des obstacles et rend le succès impossible; l'orgueil père de tous les vices; l'orgueil qui provoque la haine et le mépris, qui rend l'homme insupportable aux autres, et souvent à lui-même.

Est-il un sentiment plus raisonnable que celui qui nous porte à nous assurer le nécessaire, à préparer le bien-être de ceux qui nous sont chers, de ceux que le devoir confie à nos soins? Ce sentiment prévient la prodigalité, les excès, enseigne la sobriété, la modération dans les désirs; il favorise le goût du travail. Poussé jusqu'à l'excès, ce même sentiment impose des mortifications que Dieu ne demande ni n'accepte; il inspire une négligence coupable pour la santé, conseille l'abandon des proches dans leurs maladies; accable la famille de privations, ferme le cœur à l'amitié, le cœur et la main aux misères des pauvres; il rend insensible à toutes les infortunes; il tourmente l'esprit de soupçons, de vaines terreurs; il prolonge les veilles, il engendre l'insomnie et poursuit par des apparitions les courts moments du sommeil de l'avare.

> Le riche avare, dans son lit étroit,
> S'éveille baigné de la sueur de l'épouvante.

La vertu finit où l'excès commence. Les meilleurs sentiments deviennent mauvais par l'exagération; le sentiment seul est un guide peu sûr et souvent dangereux. C'est à la raison de le conduire selon les principes éternels de la morale; de le guider vers ce qui est bon et utile. L'homme ne saurait donc s'étudier lui-même avec trop de soin. Aucun effort ne doit lui coûter pour acquérir ce critérium qui enseigne la vérité pratique, la vérité qui doit présider à tous les actes de la vie. Marcher à l'aventure, s'abandonner aveuglément aux inspirations du cœur, c'est s'exposer à tous les périls, à toutes les souillures; c'est s'avancer d'erreur en erreur, de chute en chute, jusqu'au bord de cet abîme d'où l'homme tombé ne remonte plus, car le vertige passe de son cœur dans sa raison ; créature d'autant plus misérable désormais, qu'elle ne voit plus, qu'elle ne compte plus, qu'elle ne sent plus ses blessures.

§ LIV. — Utilité du savoir relativement à la pratique.

Pour tout ce qui concerne les objets soumis à des lois nécessaires, c'est-à-dire la matière, il est évident que la connaissance des lois auxquelles ces objets sont soumis est au moins d'une grande utilité, si cette connaissance n'est point indispensable. Regarder la théorie comme inutile, n'avoir d'estime que pour la pratique, c'est se priver d'un moyen puissant de progrès. La science, lorsqu'elle est digne de ce nom, se propose de découvrir les lois qui régissent la nature. Le concours de la science peut donc et doit être en toutes choses d'une importance décisive.

Voyez ce qui s'est passé depuis trois siècles en Europe, depuis que l'on cultive les mathématiques et les sciences naturelles : les arts ont fait des progrès étonnants ; chaque jour est pour ainsi dire marqué par les découvertes les plus ingénieuses. Eh ! que sont les découvertes, sinon des applications de la science ?

La routine, qui ferme les yeux et dédaigne la théorie, fait donc preuve d'un orgueil inintelligent, orgueil enfanté par l'ignorance. C'est surtout par sa raison que l'homme se distingue de la brute. Se priver, même dans les actes les plus simples, des lumières de la raison, c'est se montrer ingrat envers la bonté du Créateur. Pourquoi ce flambeau nous a-t-il été donné? Si l'on doit à la science tant de grandes conceptions, pourquoi ne la consulterions-nous point? pourquoi ne lui demanderions-nous point de nous guider dans la pratique?

Il est vrai que presque toutes les sciences semblent avoir des parties purement spéculatives, et pour ainsi dire de luxe, que l'on est tenté de croire inutiles; mais si l'on pénètre dans ces prétendus hors-d'œuvre, il devient facile de s'apercevoir qu'on ne peut les détacher de l'ensemble sans détruire la science tout entière, ou qu'elles ont avec les arts des relations immédiates que nous ne soupçonnions pas. Leur inutilité n'est qu'à la surface; le temps et le génie se chargent quelquefois de tirer de ces parties obscures des flots de lumière, des conséquences pratiques aussi utiles qu'inattendues.

Nous pourrions citer des exemples sans nombre à l'appui de cette vérité. Rien de plus purement spéculatif et de plus stérile, en apparence, que les fractions continues; et cependant c'est avec leur aide qu'Huyghens est parvenu à déterminer les dimensions des roues dentelées dans la construction de sa machine planétaire.

La pratique sans la théorie reste stationnaire, ou ne marche qu'avec une extrême lenteur; à son tour, la théorie sans la pratique demeure stérile. La théorie ne se consolide point, ne progresse point sans le secours de l'observation, et l'observation s'appuie sur la pratique. Que serait la science agricole sans l'expérience du laboureur?

Que l'on se prépare donc à la pratique d'un art, quel qu'il soit, par l'étude des principes de la science sur laquelle cet art repose. Combien nos ouvriers deviendraient plus habiles s'ils établissaient leur expérience sur les éléments bien compris de la chimie, de la géométrie, de la mécanique, etc.! s'ils employaient à l'étude préparatoire des sciences, en rapport avec la carrière qu'ils doivent embrasser, le temps misérablement perdu dans les écoles publiques à des exercices qui ne mènent à rien! Que l'on y songe, et, nous l'osons affirmer, l'État, les individus, la famille, la société tout entière retireront plus de fruit des sacrifices qu'ils s'imposent!

Il est bien qu'un jeune homme cultive les lettres; mais à quoi lui serviront des connaissances uniquement littéraires, lorsque, dans un établissement commercial ou manufacturier, il aura besoin d'apprécier les qualités ou les défauts d'une machine, les avantages ou les inconvénients de tel ou tel procédé? A chaque chose sa place, à chaque arbre son fruit, à chacun son œuvre et sa spécialité : c'est une loi d'harmonie dans l'ordre moral, comme dans l'ordre matériel, et surtout dans l'ordre pratique. L'architecte, l'ingénieur auront-ils appris en des études politiques à construire un édifice élégant, solide, propre au service auquel on le destine et de bon goût ? à dresser avec habileté le plan d'une route ou d'un canal, à diriger des travaux avec intelligence, à élever une chaussée, à jeter un pont sur un fleuve ?

§ LV. — Inconvénients de l'universalité.

La science s'acquiert lentement, péniblement, et la vie est courte. Cependant l'homme disperse ses facultés sur mille objets divers, caressant ainsi à la fois et sa vanité et sa paresse ; sa vanité, parce que cette universalité apparente lui donne un certain vernis, un certain renom de savoir ; sa paresse, parce qu'il est beaucoup plus difficile, plus pénible, de se fixer à une science, de l'approfondir, de l'embrasser tout entière, que d'acquérir quelques notions vagues et générales sur toutes les branches des connaissances humaines.

On apprécie tous les jours, dans l'industrie, les avantages de la division du travail, et l'on ne veut pas voir que ce principe est également applicable à la science. Les hommes nés avec d'heureuses dispositions pour toutes choses sont très rares. Et tels qui pourraient devenir de brillantes *spécialités* en s'adonnant d'une manière particulière ou même exclusive à certaines études, se rendent inutiles par une affectation d'universalité. Ainsi se consument sans fruit des forces qui, mises en œuvre avec intelligence, auraient pu rendre de grands services à la société. Vaucanson et Watt ont fait des prodiges en mécaniques; ils seraient sans doute restés médiocres dans les beaux-arts ou la poésie. La Fontaine s'est immortalisé par ses fables; on connaît son incapacité dans les affaires.

Il est vrai toutefois que les connaissances acquises sont comme des degrés par lesquels on s'élève à des connaissances nouvelles et que la lumière qui se projette d'une science sur une autre facilite le travail de l'intelligence en lui ouvrant des horizons nouveaux. Les différentes parties de la science forment comme une chaîne dont les anneaux, malgré leur diversité, composent un tout harmonieux et complet; mais peu d'hommes sont capables de rassembler ces anneaux épars, de parcourir la chaîne tout entière, et je persiste à penser que le grand nombre, parmi eux, doit circonscrire et concentrer ses efforts.

Ainsi dans les sciences comme dans les arts, il importe sur toutes choses de choisir, selon l'aptitude particulière, la carrière que l'on doit suivre, et, le choix fait, de s'y tenir, de s'y livrer spécialement ou même d'une manière exclusive.

La multiplicité des moyens d'instruction, livres,

journaux, manuels, encyclopédies, ne fait pour ainsi dire que multiplier l'ignorance en invitant à tout effleurer. Notre richesse, présent des siècles qui ont dû leur gloire au travail, est devenue un écueil au lieu d'être un avantage. Beaucoup d'esprits perdent en profondeur ce qu'ils gagnent en étendue. Que de faux savants se complaisent dans leur science universelle, qui n'ont en réalité d'universel que leur présomption et leur ignorance!

Une science, une seule, dont on veut savoir le dernier mot (ce dernier mot, on ne le sait jamais), exige l'homme tout entier. Il en est de même des professions. Si l'on oublie cette vérité, les forces de l'esprit, disséminées sans ordre, se consument sans résultat; c'est ainsi que dans une machine mal construite, la force motrice est paralysée par le défaut de concentration, par la disposition défectueuse des ressorts chargés de distribuer cette force à chacune des parties du mécanisme.

On se demande la cause de l'affligeante stérilité du mouvement intellectuel à notre époque, malgré l'activité toujours croissante des esprits. Peut-être les observations que nous venons de faire nous mettront-elles sur la voie. Les forces individualisées à l'excès, fractionnées à l'infini, se dissipent et se perdent, faute de direction; les intelligences marchent sans but, à l'aventure. Tel suivait une carrière avec succès; il l'abandonne pour une carrière nouvelle qui semble lui présenter de plus grands avantages ou qui flatte sa vanité ; le désordre est partout ; nul ne sait ou ne veut rester à sa place. L'avocat aspire à la diplomatie, le militaire à la vie politique, le banquier à gouverner l'État ; le juge devient économiste ; l'homme de rien devient tout puissant. Le vertige des idées et de l'ambition va s'augmentant chaque jour et tous les progrès sont enrayés.

§ LVI. — Force de la volonté.

Il y a presque toujours dans l'homme une grande somme de forces qu'il laisse inactives. S'exploiter soi-même avec intelligence, secret merveilleux de faire beaucoup. On reste confondu d'étonnement devant certains travaux accomplis par la nécessité. Sous l'empire de la nécessité, l'homme se transforme et change pour ainsi dire de nature. L'intelligence s'agrandit ; elle acquiert une pénétration, une lucidité, une précision merveilleuses ; le cœur se dilate ; rien n'étonne son audace ; le corps même acquiert plus de vigueur. Et pourquoi ? de nouvelles facultés sont-elles créées dans l'homme ? non, mais des facultés qui dormaient s'éveillent. Là où tout était repos, tout devient mouvement, tout converge vers un but déterminé. La volonté, aiguillonnée par le péril, se déploie dans toute sa puissance ; elle ordonne impérieusement à toutes les facultés de concourir à l'action commune; elle leur prête elle-même son énergie, sa décision. L'homme s'étonne de se sentir tout autre, et, ce que naguère il n'aurait osé rêver, l'impossible d'hier, devient le fait accompli du lendemain.

Ce qui se fait dans ces circonstances extrêmes et sous l'empire de la nécessité, nous enseigne ce que nous pouvons dans les choses ordinaires de la vie. Pour obtenir, il faut *vouloir ;* mais vouloir d'une volonté décidée, résolue, inébranlable ; d'une volonté qui marche au but sans se laisser décourager par les obstacles ou les fatigues. Nous croyons avoir une *volonté,* nous n'avons que des *velléités.* Nous voudrions, mais nous ne voulons pas. Nous voudrions, s'il ne fallait point rompre avec notre paresse, affronter certains périls, surmonter telles difficultés ; mais la fin ne nous paraît point valoir les moyens ; nous déployons nos facultés avec mollesse, et nous tombons en défaillance à moitié chemin.

§ LVII. — Fermeté de la volonté.

Fermeté dans la volonté ! Cette fermeté assure le succès dans les entreprises difficiles ; par elle nous nous dominons nous-mêmes, condition première pour dominer les choses. Il est deux hommes en nous ; l'un, intelligent, actif, élevé dans ses pensées, noble dans ses désirs, soumis aux lois de la raison, plein de hardiesse et de générosité ; l'autre, inintelligent, sans ressort, sans élan, n'osant élever ni sa tête ni son cœur au-dessus de la poussière, enseveli tout entier dans les instincts, dans les intérêts matériels. Pour celui-ci, l'homme est un être qui sent, jouit et passe ; ni souvenir d'hier, ni prévision du lendemain ; l'heure présente, la jouissance présente, voilà le bonheur ; tout le reste n'est rien. Le premier, au contraire, s'instruit aux leçons du passé, il sait voir dans l'avenir ; il a d'autres intérêts que ceux du moment ; il ne circonscrit point dans ce cercle étroit que l'on appelle la vie l'essor de son âme immortelle. Il sait que l'homme est une créature faite à l'image de Dieu ; il élève son front et son cœur vers le ciel ; il connaît sa dignité, il se pénètre de la noblesse de son origine et de ses destinées, il plane au-dessus de la région des sens. Que dirai-je encore ? à la jouissance, il préfère le devoir.

Nul progrès solide et permanent, si l'on ne favorise la partie noble de l'âme en lui assujettissant l'homme inférieur. Celui qui se domine lui-même, domine facilement les circonstances. Une volonté ferme et persévérante, abstraction faite des autres qualités, rallie, subjugue les volontés plus faibles, et leur impose naturellement et sans efforts sa supériorité.

L'obstination est un défaut très grave, puisqu'elle

ferme notre oreille aux conseils ; puisqu'elle nous enchaîne à nos sentiments, à nos pensées, à nos résolutions, en dépit de toute considération de prudence ou de justice : plante vivace dont la racine est l'orgueil. Toutefois, les dangers de l'obstination sont moins grands encore que ceux de l'inconstance : si l'une nous aveugle en concentrant nos facultés sur un seul point, quelquefois sur une erreur, l'autre énerve ces facultés, soit en les laissant oisives, soit en les appliquant, avec une mobilité sans repos, à mille objets divers. L'inconstance nous rend incapables de terminer une entreprise ; elle cueille le fruit avant sa maturité ; elle recule devant les plus faibles obstacles : une fatigue légère, un léger péril lui font peur ; elle nous livre à la merci de toutes les passions, de tous les événements, de tout homme qui peut avoir intérêt à nous dominer ; enfin elle nous rend sourds aux conseils de la justice, de la raison et du devoir.

Voulez-vous acquérir une volonté persévérante, ferme et vous prémunir contre l'inconstance ? formez-vous des convictions arrêtées, tracez-vous un système de conduite, et ne livrez au hasard rien de ce que vous pouvez lui enlever. Les événements, les circonstances, votre prévoyance à courte vue et presque toujours trompée, vous forceront souvent à modifier les plans que vous aurez conçus ; il n'importe! cela ne doit point vous empêcher d'en former de nouveaux ; cela ne vous autorise point à vous livrer aveuglément au cours des choses, à marcher à l'aventure. N'avons-nous point reçu la raison comme un guide et comme un appui ?

Tracer d'avance sa ligne de conduite, n'agir qu'après réflexion, caractère infaillible de supériorité sur la foule que mène le hasard ! L'homme qui se conduira par ces principes deviendra, je l'ose affirmer, le premier parmi ses égaux, et, pour ainsi dire, sans avoir besoin d'y prétendre. Ceux-ci se rangeront d'eux-mêmes sous ses ordres ; nul ne lui disputera sa royauté de fait, et s'il a des ennemis, il leur résistera sans peine ; leurs traits impuissants viendront tomber à ses pieds.

Conscience calme, volonté ferme, plan bien conçu, voilà donc les moyens de mener à bonne fin les entreprises difficiles. Tout cela demande de nous quelques sacrifices, j'en conviens ; tout cela suppose un travail intérieur énergique et persévérant ; il faut commencer par se vaincre soi-même ; mais, dans l'ordre intellectuel et moral, comme dans l'ordre physique ; dans les choses du temps comme dans celles de l'éternité, celui-là seul mérite la couronne et l'obtient, qui sait affronter les fatigues et les périls de la lutte.

§ LVIII. — Fermeté, énergie, impétuosité.

Volonté ferme, volonté énergique, volonté impétueuse, ne sont pas une même chose. La première diffère de la seconde, et encore plus de la troisième, qui diffère, à son tour, des deux autres.

Toutes trois distinctes, toutes trois indépendantes, il n'est même pas rare que ces volontés s'excluent. L'impétuosité est un accès de passion, une convulsion de la volonté entraînée par la passion, et, pour ainsi dire, la passion elle-même. Un accès momentané ne constitue point l'énergie : l'énergie suppose la force avec une certaine durée. Dans l'impétuosité il y a explosion : le coup part, mais le projectile tombe à courte portée. Il y a pareillement explosion dans l'énergie, avec moins de fracas peut-être, mais le trait porte plus loin.

La fermeté ne requiert ni l'impétuosité ni l'énergie, et quelquefois elle les repousse toutes deux ; mais elle admet la passion, elle la nécessite même presque toujours, mais la passion constante, fixe dans sa direction, régulière. L'impétuosité détruit en un moment tous les obstacles ou se brise ; l'énergie prolonge plus longtemps la lutte, mais elle se brise également, après certains efforts. La fermeté écarte les difficultés, s'il lui est possible ; sinon, elle les évite, elle les tourne. Que si elle ne peut les éviter ni les tourner, elle s'arrête et attend.

Il ne faut point croire cependant que, dans certains cas, la fermeté ne puisse devenir énergique, impétueuse. Après avoir patienté longtemps, elle s'irrite enfin. Une résolution extrême est d'autant plus redoutable qu'elle a été plus longuement préméditée. Les hommes froids en apparence, mais en qui brûle un foyer intérieur comprimé, sont terribles lorsque vient le moment fatal, et qu'ils disent : « Allons, c'est l'heure ! » Leurs regards enflammés s'attachent à leur proie; ils s'élancent rapides comme la foudre, irrésistibles comme elle.

Les forces morales sont comme les forces physiques : il ne faut point en user à tout propos. Celui qui sait les ménager et les mettre en réserve, les retrouve plus puissantes au moment opportun : les volontés les plus fortes ne sont pas celles qui se heurtent à chaque instant à toute chose; les volontés emportées cèdent lorsqu'on leur résiste, attaquent lorsqu'on leur cède. La fermeté ne se prodigue point; elle ne fait point, aux choses indifférentes, l'honneur de se mesurer avec elles. Aussi, dans l'usage de la vie, les hommes forts sont-ils condescendants, faciles, prompts à céder; ils se prêtent sans répugnance aux volontés d'autrui. Mais, que le moment soit venu de déployer une grande force dans une affaire importante, ou, dans une moindre affaire, de cesser les condescendances, de dire : C'est assez! terribles comme des lions dans l'attaque, ils sont, dans la résistance, inébranlables comme des rochers.

Cette force de volonté qui donne la bravoure dans les combats, la fermeté dans la douleur, qui triomphe de toutes les résistances, qui ne recule devant aucun obstacle, que les revers ne rebutent point, que les chocs les plus rudes ne sauraient briser ; cette volonté qui, selon le temps et la circonstance, devient glace ou volcan ; qui fait passer, à son gré, sur les traits toutes les tempêtes de l'âme, ou imprime à la physionomie une sérénité plus formidable encore ; cette force de volonté qui est aujourd'hui ce qu'elle était hier, ce qu'elle sera demain et sans laquelle on ne saurait terminer une entreprise difficile ou de longue durée ; cette force de volonté, caractère distinctif des hommes qui ont laissé dans l'humanité l'empreinte de leurs pas, de ces hommes qui vivent encore dans les monuments qu'ils ont élevés, dans les institutions qu'ils ont fondées, dans les révolutions qu'ils ont faites, ou dans les digues par lesquelles ils les ont contenues ; cette force de volonté qu'ont possédée les fondateurs d'empires, les chefs de sectes, les chercheurs de nouveaux mondes, les inventeurs qui consument leur vie à la poursuite d'une idée, les politiques qui, de leur main de fer, jetant les sociétés en fusion dans un moule nouveau, les ont frappées d'une empreinte que les siècles n'ont pu effacer ; cette force de volonté qui, d'un humble moine, fait un Sixte-Quint ou un Ximenès ; cette force de volonté qui arrête comme un mur d'airain la réforme au pied des Pyrénées, qui lance sur l'Angleterre une armée gigantesque, qui écoute, impassible, la nouvelle de la ruine de cette armée, qui soumet le Portugal, triomphe à Saint-Quentin, élève l'Escurial, et qui, de l'angle sombre d'un monastère, contemple d'un œil serein la mort qui s'approche, pendant que :

« Une agitation étrange, de tristes clameurs rem-
« plissent le palais de Philippe, et se répandent avec
« des lamentations pleines d'angoisses dans les
« cloîtres et parmi le peuple : »

Cette force de volonté, dis-je, nécessite deux conditions, ou plutôt résulte de l'action combinée de deux causes ; ces deux causes sont : une idée et un sentiment. Une idée claire, vive, arrêtée, puissante, qui absorbe l'entendement, qui le possède, qui l'envahisse tout entier ; un sentiment fort, énergique, maître exclusif du cœur, et complétement subordonné à l'idée. Si l'une de ces conditions vient à manquer, la volonté fléchit et vacille.

Lorsque l'idée n'est pas soutenue par un sentiment, la volonté est nulle ; que si le sentiment ne s'appuie point sur une idée, la volonté flotte ; elle est inconstante. L'idée est la lumière qui indique le chemin ; elle est le point lumineux qui fascine, qui attire, qui entraîne ; le sentiment est l'impulsion, la force qui met en mouvement et lance la volonté.

Lorsque l'idée manque de vivacité, l'attraction

diminue, l'incertitude commence, la volonté reste en suspens ; lorsque l'idée n'est point arrêtée, permanente, lorsque le point lumineux change de place, la volonté flotte incertaine ; que si l'idée se laisse offusquer ou remplacer, la volonté change d'objets, elle est inconstante ; et lorsque le sentiment n'est pas suffisamment fort, lorsqu'il n'est point dans une juste proportion avec l'idée, l'entendement contemple cette idée avec plaisir, avec amour, avec enthousiasme peut-être, mais l'âme n'ose point se mesurer avec elle et se trouve inférieure ; son vol ne peut s'élever jusque-là ; la volonté ne tente rien, ou se décourage au premier essor et retombe.

Ce que peuvent ces deux forces unies est incroyable ; et, chose étrange ! leur influence ne se fait point sentir seulement en ceux qui les possèdent ; elle est surtout expansive, sympathique. Quel merveilleux ascendant les hommes qui en sont doués n'exercent-ils point sur les autres hommes ! La force de la volonté, soutenue, dirigée par la puissance d'une idée, a quelque chose de mystérieux qui semble investir l'homme d'un droit supérieur et lui donner le commandement. C'est elle qui inspire la confiance sans limites, l'obéissance aveugle aux héros que le génie a marqués de ce signe ; les ordres qu'ils donnent seraient-ils insensés, on n'a garde de les croire tels ; on les attribue à un plan secret que l'on ne peut comprendre. « Il sait bien ce qu'il fait », disaient les soldats de Napoléon ; et ils couraient à la mort.

Dans les actes ordinaires de la vie, les qualités dont nous parlons ne sont point nécessaires à un degré aussi éminent ; mais les posséder dans une juste mesure, proportionnellement au talent, au caractère, à la position sociale, est chose toujours très utile, souvent indispensable. C'est à ce don que certains hommes doivent leur supériorité dans le maniement des affaires ; et nous pouvons affirmer que l'absence complète de ces qualités accuse une incapacité radicale.

Les grandes choses exigent de grandes forces ; de moindres forces suffisent pour les petites choses ; mais rien ne se fait sans l'intervention d'une force quelconque. La différence est dans l'intensité de la force ou dans l'objet auquel on l'applique, non dans la nature des facultés ou de leur développement. Chez le grand homme comme chez l'homme vulgaire, l'intelligence dirige ; la volonté et la passion donnent l'impulsion. Dans l'un et l'autre, la permanence de l'idée, la force du sentiment, sont les deux principes qui impriment à la volonté fermeté et énergie. Le grain de poussière qu'emporte le vent est soumis aux mêmes lois que la masse d'un monde.

§ LIX. — Conclusion et résumé.

L'art d'arriver au vrai est le premier, le plus utile de tous les arts, l'art pratique par excellence. La vérité dans les choses, est la réalité des choses ; la vérité dans l'entendement, c'est la connaissance de ce qui est ; la vérité dans la volonté, c'est la droiture, c'est l'acquiescement aux règles de la saine morale ; la vérité dans la conduite, c'est l'action, soumise aux lois d'une volonté droite. Pour celui qui se propose une fin, la vérité, c'est, eu égard aux circonstances, la convenance et la justice ; enfin, dans le choix des moyens, la vérité, c'est la moralité de ces moyens, c'est leur aptitude à remplir la fin qu'on se propose.

Vérités de différentes sortes, parce qu'il existe différentes sortes de réalités ; moyens divers de parvenir au vrai. Toutes choses ne doivent point être considérées de la même manière ; chacune doit l'être par le côté qui permet de la mieux saisir. L'homme a reçu des facultés multiples ; aucune n'est inutile, aucune n'est mauvaise en soi ; mais nous en faisons un mauvais usage : leur stérilité, leur malice viennent de nous. Une bonne logique devrait embrasser l'homme tout entier, car la vérité présente des relations avec toutes les facultés de l'homme : développer l'une et négliger l'autre, c'est souvent nuire à la première en paralysant la seconde. L'homme est un petit monde, un *microcosme*. Ses facultés sont nombreuses et diverses; il a besoin d'harmonie : point d'harmonie sans une juste combinaison de toutes choses; point de juste combinaison, à moins que chaque chose ne soit à sa place, et n'entre en mouvement ou ne s'arrête à propos. L'homme est une harpe; les facultés de son âme sont comme des cordes harmonieuses. Laisse-t-il inactives quelques-unes de ces facultés, l'instrument est incomplet; il le met en désaccord s'il les tend outre mesure ou s'il les touche d'une main inhabile. La raison est froide, mais clairvoyante : échauffez-la sans l'obscurcir. Les passions sont aveugles, mais pleines d'énergie; dirigez-les, mettez leur puissance à profit. L'entendement assujetti à la volonté, la volonté assujettie à la morale, les passions soumises à l'entendement et à la volonté, toutes les facultés éclairées, dirigées par la religion, voilà l'homme complet, l'homme par excellence ! En lui la raison dirige; elle éclaire de son flambeau les réalités de la vie ; l'imagination tient le pinceau et fournit les couleurs, le sentiment vivifie, la religion divinise.

FIN.

TABLE DES MATIÈRES

CONTENUES DANS CE VOLUME.

CHAPITRE PREMIER.

	Pages
Préface.	v
Considérations préliminaires	1
I. Bien penser; qu'est-ce que la vérité?	1
II. Différentes manières de connaître la vérité.	2
III. Diversité des esprits.	3
IV. Chacun excelle dans son art, selon qu'il en connaît mieux toutes les parties.	5
V. Il importe à tous les hommes de bien penser.	6
VI. Comment on doit enseigner l'art de bien penser.	6

CHAPITRE II.

L'attention.	7
I. Définition de l'attention. Nécessité de l'attention.	8
II. Avantages de l'attention; inconvénients du défaut contraire.	9
III. Ce que doit être l'attention. Esprits légers ou absorbés.	10
IV. Les interruptions.	11

CHAPITRE III.

Choix d'une carrière.	12
I. Signification vague du mot *talent*.	12
II. Un instinct nous indique la carrière pour laquelle nous avons le plus d'aptitude.	13
III. Épreuves pour discerner les aptitudes particulières d'un enfant.	14

CHAPITRE IV.

De la possibilité. 16

  I. Classification des actes de notre entendement. Questions à poser. 16
  II. Le possible et l'impossible. Classification. . . 17
  III. En quoi consiste l'impossibilité métaphysique ou absolue. 18
  IV. L'impossibilité absolue et la toute-puissance divine. 19
  V. L'impossibilité absolue et les dogmes. 19
  VI. Impossibilité physique ou naturelle. 20
  VII. Manière de juger qu'une chose est naturellement impossible. 21
  VIII. Solution d'une difficulté sur les miracles. . . . 23
  IX. Impossibilité morale ou ordinaire. 25
  X. Impossibilité de sens commun, improprement confondue avec l'impossibilité morale. . . . 27

CHAPITRE V.

De l'existence; connaissances acquises par le témoignage immédiat des sens. 29

  I. Nécessité du témoignage des sens ; différentes manières dont ils nous procurent la connaissance des choses. 29
  II. Erreurs auxquelles nous sommes exposés à l'occasion des sens. Moyens de remédier à ces erreurs. Exemple. 31
  III. Il est nécessaire, dans certains cas, d'employer plusieurs sens, afin de comparer leur témoignage. 33
  IV. Sains de corps, malades d'esprit. 34
  V. Sensations réelles, mais sans objet externe. . . 36
  VI. Les maniaques et les hommes absorbés en eux-mêmes. 38

CHAPITRE VI.

Connaissances acquises médiatement au moyen des sens. 39

I. Transition du connu à l'inconnu, de ce qui est perçu par les sens à ce que les sens ne perçoivent pas. 39
II. Coexistence et succession. 41
III. Deux règles sur la coexistence et la succession. . 43
IV. De la causalité; observations. Une règle de la dialectique. 46
V. Raison d'un acte qui nous paraît purement instinctif. 47

CHAPITRE VII.

La logique d'accord avec la charité. 48
I. Sagesse de la loi qui interdit les jugements téméraires. 48
II. Examen de cette maxime : *Crois le mal, et tu ne te tromperas pas.* 49
III. Quelques règles pour juger de la conduite des hommes. Règle première. 51
 Règle deuxième. 54
 Règle troisième. 56

CHAPITRE VIII.

De l'autorité humaine en général 59
I. Deux conditions pour valider un témoignage. . 59
II. Examen et application de la première condition. 59
III. Examen et application de la seconde condition. 61
IV. Une observation. 62
V. Il est difficile d'arriver à la vérité lorsqu'elle est placée loin de nous par le temps et par la distance. 63

CHAPITRE IX.

Les Journaux. 64
I. Une illusion. 64
II. Les journaux ne disent pas toute la vérité sur les personnes. 65
III. Les journaux ne disent pas toute la vérité sur les choses. 68

CHAPITRE X.

	Pages
Relations de voyages.	69
I. Distinctions.	69
II. Origine et composition de certaines relations de voyages.	70
III. Manière d'étudier un pays.	73

CHAPITRE XI.

Histoire.	74
I. Importance des études historiques. Manière d'étudier l'histoire.	74
II. Distinction entre le fait et les circonstances du fait. Application.	75
III. Quelques règles pour servir à l'étude de l'histoire.	78

CHAPITRE XII.

Considérations générales sur les moyens de connaître la nature des êtres, leurs propriétés et leurs relations.	84
I. Une classification des sciences.	84
II. Prudence scientifique; moyens de l'acquérir.	86
III. Les grands hommes. Évocation.	88

CHAPITRE XIII.

La perception.	96
I. L'idée.	96
II. Bien penser. — Règles.	98
III. Dangers de l'analyse.	102
IV. Le teinturier et le philosophe.	104
V. Objets vus d'un seul côté.	105
VI. Inconvénients d'une perception trop rapide.	106

CHAPITRE XIV.

Le Jugement.	107
I. Qu'est-ce que le jugement? — Sources d'erreurs.	107

II. Axiomes faux. 107
III. Propositions trop générales. 109
IV. Définitions inexactes. 110
V. Expressions mal définies. — Examen du mot *Égalité*. 111
VI. Suppositions gratuites. 117
VII. Préjugés. 119

CHAPITRE XV.

Le raisonnement. 122
I. Ce que valent les règles de la dialectique. . . 122
II. Du syllogisme. — Observations. 123
III. L'enthymème. 125
IV. Réflexions sur le terme moyen. 126
V. Utilité de la dialectique. 128

CHAPITRE XVI.

Le raisonnement n'est pas le seul moyen de trouver la vérité. 129
I. L'inspiration. 129
II. La méditation. 131
III. Invention et enseignement. 131
IV. L'instruction. 133
V. La difficulté n'est pas de comprendre, mais de trouver. — Les joueurs d'échecs. — Sobieski. 134
VI. Règles sur la méditation. 136
VII. Caractère des intelligences élevées.—Remarquable doctrine de saint Thomas. 137
VIII. Nécessité du travail. 139

CHAPITRE XVII.

L'enseignement. 140
I. Deux objets de l'enseignement.— Les professeurs. 140
II. Génies inconnus aux autres et à eux-mêmes. 142
III. Un moyen de découvrir les talents cachés et d'en apprécier la valeur. 143
IV. Nécessité des études élémentaires. 146

CHAPITRE XVIII.

L'Invention. 150
  I. Ce que doit faire l'homme qui n'est pas doué du talent créateur. 150
  II. Autorité scientifique. 151
  III. L'autorité scientifique s'est modifiée de nos jours. 152
  IV. Le talent d'invention. — Carrière du génie. . . 154

CHAPITRE XIX.

L'Intelligence, le cœur et l'Imagination. . . . 156
  I. Employer à propos chaque faculté de l'âme. — Didon, Alexandre. 156
  II. Influence du cœur sur la raison; causes et effets. 158
  III. Un seul jour de la vie. 161
  IV. Une opinion politique. 166
  V. Se prémunir contre l'influence que le cœur exerce sur le jugement. 169
  VI. Un exemple. 171
  VII. Nos jugements en politique. 173
  VIII. Dangers d'une sensibilité excessive. — Les grands talents, les poëtes. 175
  IX. Il est nécessaire d'avoir des idées arrêtées. . . 177
  X. Devoirs de l'écrivain, du poëte, de l'orateur, de l'artiste. 178
  XI. Pensées revêtues d'images brillantes. — Sources d'erreurs. 181

CHAPITRE XX.

Philosophie de l'histoire. 182
  I. Philosophie de l'histoire; ce qu'elle est; difficultés de cette science. 182
  II. Un moyen de faire des progrès dans la philosophie de l'histoire. 184
  III. Application des principes précédemment établis à l'histoire de l'esprit humain. 185
  IV. Exemple tiré de la physionomie de l'homme. . 186

CHAPITRE XXI.

	Pages
Religion.	189
I. Raisonnements insensés des indifférents en matière de religion.	189
II. L'indifférent et le genre humain.	191
III. Passage de l'indifférence à l'examen.	192
IV. Il n'est pas possible que toutes les religions soient vraies.	193
V. Il est impossible que toutes les religions soient également agréables à Dieu.	194
VI. Il est impossible que toutes les religions soient une invention humaine.	194
VII. La révélation est possible.	196
VIII. Solution d'une difficulté contre la révélation.	196
IX. Conséquences tirées des précédents paragraphes.	197
X. Existence de la révélation.	197
XI. Preuves historiques de l'existence de la révélation.	200
XII. Les dissidents et l'Église catholique.	203
XIII. Méthode employée par certains adversaires de la religion.	205
XIV. La plus haute philosophie d'accord avec la foi.	207
XV. Celui qui abandonne la religion catholique ne sait où se réfugier.	208

CHAPITRE XXII.

De l'entendement pratique.	210
I. Classification des actes.	210
II. Se proposer la fin voulue n'est pas toujours chose facile.	211
III. Examen du proverbe : Chacun est fils de ses œuvres.	212
IV. L'homme haï.	214
V. L'homme ruiné.	215
VI. L'homme d'esprit insolvable, et le rustre opulent.	216
VII. Observations. L'esprit de sophisme et le bon sens.	218

	Pages
VIII. La pratique seule révèle certains phénomènes intellectuels...	219
IX. Les absurdités...	220
X. Esprits faux...	220
XI. Leur incapacité dans les affaires...	221
XII. Ce défaut intellectuel naît ordinairement d'une cause morale...	222
XIII. L'humilité chrétienne dans ses rapports avec le commerce du monde...	224
XIV. Dangers de la vanité et de l'orgueil...	225
XV. L'orgueil...	227
XVI. La vanité...	229
XVII. Dans les affaires, l'influence de l'orgueil est plus funeste que celle de la vanité...	230
XVIII. Comparaison de l'orgueil et de la vanité...	231
XIX. Combien cette passion est générale...	233
XX. Une lutte continuelle est nécessaire...	234
XXI. L'orgueil n'est pas le seul défaut qui nous cache la fin que nous devons nous proposer...	235
XXII. Développement des forces latentes...	237
XXIII. Il faut, en se proposant une fin, se garder à la fois et de la présomption et d'une défiance excessive...	239
XXIV. La paresse...	239
XXV. Un avantage de la paresse sur les autres passions...	240
XXVI. Origine de la paresse...	241
XXVII. Paresse d'esprit...	242
XXVIII. Raisons à l'appui de ce que nous venons de dire sur l'origine de la paresse...	243
XXIX. L'inconstance; sa nature et son origine...	243
XXX. Preuves et applications...	244
XXXI. Sage milieu entre les extrêmes...	245
XXXII. La morale est le meilleur guide de l'entendement pratique...	246
XXXIII. L'harmonie de l'univers protégée par le châtiment...	247

		Pages
XXXIV.	Observations touchant les avantages et les désavantages de la vertu dans les affaires.	249
XXXV.	Une accusation injuste contre la vertu.	250
XXXVI.	Une accusation mal fondée contre la science.	251
XXXVII.	Les passions sont de bons instruments, mais de mauvais conseillers.	253
XXXVIII.	Hypocrisie des passions.	255
XXXIX.	Exemple. — Deux formes de la vengeance.	256
XL.	Précautions.	259
XLI.	Hypocrisie de l'homme avec lui-même.	261
XLII.	Connaissance de soi-même.	262
XLIII.	L'homme se fuit lui-même.	263
XLIV.	Heureux résultats de l'étude des passions.	264
XLV.	Avec quelle sagesse la religion chrétienne dirige les âmes.	265
XLVI.	Les sentiments moraux auxiliaires de la vertu.	267
XLVII.	Une règle à suivre dans nos jugements pratiques.	268
XLVIII.	Autre règle.	270
XLIX.	L'homme se raillant lui-même.	272
L.	Perpétuelle enfance de l'homme.	273
LI.	Le sentiment tout seul est un guide peu sûr.	275
LII.	Ne point suivre uniquement les inspirations de la sensibilité, mais appeler à son aide la morale et la raison.	277
LIII.	Sentiment bon par lui-même, rendu mauvais par l'exagération.	279
LIV.	Utilité du savoir relativement à la pratique.	285
LV.	Inconvénients de l'universalité.	288
LVI.	Force de la volonté.	291
LVII.	Fermeté de la volonté.	292
LVIII.	Fermeté, énergie, impétuosité.	295
LIX.	Conclusion et résumé.	302

Imprimerie de G. GRATIOT, rue de la Monnaie, 41.